우리 아이 자연으로 키우는

마크로비오틱 아이밥상 +간식

*도움 주신 분들
아이 모델 김동윤, 정지원, 김동찬, 김서윤, 최윤서
재료 협찬 CJ 제일제당 '산들애'
앞치마 협찬 E·LAND 'modern house'

우리 아이 자연으로 키우는
마크로비오틱 아이밥상 간식

펴낸날 초판 1쇄 2010년 4월 1일 | 초판 4쇄 2012년 4월 5일

지은이 이와사키 유카

펴낸이 임호준
이사 이동혁 | **편집장** 김소중 | **기획 편집** 윤은숙 장재순 나정애 김영혜 권지숙 이민주 윤세미
디자인 이지선 왕윤경 | **마케팅** 강진수 이유빈 | **경영지원** 김의준 나은혜 | **e-비즈** 표형원 공명식 최승진

펴낸곳 비타북스 | **발행처** ㈜헬스조선 | **출판등록** 제2-4324호 2006년 1월 12일
주소 서울특별시 중구 태평로1가 61 | **전화** (02) 724-7636 | **팩스** (02) 722-9339
홈페이지 www.vita-books.co.kr | **블로그** blog.naver.com/vitabooks

요리스타일링 문인영 | **사진** 조은선(표지 및 완성컷) 신지호(과정컷) | **디자인** 문예진

ⓒ 이와사키 유카, 2010
사진 ⓒ ㈜헬스조선

이 책은 저작권법에 따라 보호를 받는 저작물이므로 무단 전재와 무단 복제를 금지하며,
이 책 내용의 전부 또는 일부를 이용하려면 반드시 저작권자와 ㈜헬스조선의 서면 동의를 받아야 합니다.

ISBN 978-89-93357-16-5 14040
        978-89-93357-14-1 (세트)

• 책값은 뒤표지에 있습니다. 잘못된 책은 바꾸어 드립니다.

우리 아이 자연으로 키우는

마크로비오틱 아이밥상 +간식

Macrobiotic Cooking Recipe

이와사키 유카 지음

비타북스

여는 글

'식육(食育)'의 철학을 담은 마크로비오틱 아이 밥상

"체육·지육·재육(體育·智育·才育)이 바로 식육(食育)이다."

식육이라는 말은 마크로비오틱의 기초를 만든 이시즈카 사겐(石塚左玄) 선생이 음식을 통한 교육을 강조하기 위해 만든 것으로, 제가 관리 영양사를 전공하던 대학 시절에 처음 들었어요. 현재 일본에서는 그 당시보다 훨씬 더 식육을 강조하고 있죠. 왜 그럴까요? 요즘 아이들에게 흔히 보이는 아토피·천식·비염·중이염·충치·음식알레르기·면역력 저하 등의 질병 문제와 의지박약·겁쟁이·폭력성·내향성 등으로 치닫는 비뚤어진 성격 문제, 그리고 따돌림·등교 거부·비행 등 각종 사회 문제 등은 나날이 심각해지고 있어요. 이런 문제의 근본적인 원인으로 아이가 먹는 음식, 즉 지금까지 우리가 아이들에게 먹여왔던 음식들과 무관하지 않다고 보기 때문인 거죠.

You are what you eat

마크로비오틱에서는 "당신이 먹은 음식이 곧 당신이다."라고 해요. 매일 매끼 어떤 음식을 어떻게 먹느냐에 따라 그 사람의 건강뿐 아니라 인성에도 크게 영향을 준다는 뜻이죠. 다시 말하면 내 아이를 어떤 아이로 키울 것인가는 어떤 음식을 먹일 것인지, 어떤 식사시간을 가질 것인지로 바로 연결되는 거예요. 저 자신도 어렸을 때 편식이 심했고 아토피와 천식, 비염으로 고생했어요. 몸은 약했으며, 무릎과 팔꿈치 피부는 항상 짓물러 있었고, 신경질적으로 예민하고, 감기와 천식발작으로 고생이 이만저만이 아니었어요. 하지만 마크로비오틱을 알게 된 이후 내 몸은 많이 나아졌고 마음에도 여유가 생겼지요. 그런 감사한 경험과 믿음이 있기에 지금 아이들을 위한 책을 쓰는 것이에요.

내가 요리를 취미로 즐기고, 관리 영양사를 전공하고, 지금 마크로비오틱 전도사가 된 것은 어렸을 때부터 가족과 함께한 식사시간 덕분이에요. 힘들지만 나의 취향에 맞게 요리해주신 어머니와 다양한 음식을 접할 기회를 만들어주신 아버지, 음식 취향이 전혀 달라서 오히려 내게 자극이 되어준 오빠, 항상 나에게 음식을 권해준 여동생…… 이 모든 것이 우리 집의 '식육'이었어요. 음식을 통한 교육, 식육으로 아이 때부터 배운 것은 참 많아요. 어른이 되어가면서 음식 취향이나 편식은 어느 정도 고칠 수 있어도 어렸을 때 잘못 길들여진 식습관은 어른이 되어도 쉽게 변화되지 않아요. 아이들은 부모의 식습관을 그대로 물려받기 때문에 부모도 함께 실천할 수 있는 올바른 식습관이 필요해요. 가족과 함께 한 식사를 통해서 아이들은 편식을 고치고, 예절을 배우고, 환경을 생각하고, 인간성을 키워요.

마크로비오틱은 엄마를 응원한다

마크로비오틱은 전혀 어렵지 않아요. 국내에서 생산되는 제철 식재료는 가격도 비싸지 않아 경제적이며, 재료를 통째로 사용해서 음식을 만들기 때문에 음식 쓰레기가 나오지 않고, 곡물과 채소 중심으로 요리하기 때문에 기름기가 없어서 설거지도 편해요. 그래서 바쁜 엄마를 위해 딱 좋은 요리법이기도 하죠. 게다가 마크로비오틱 요리를 먹고 우리 아이가 몸도 마음도 건강하게 무럭무럭 자라므로 온 가족이 행복할 거예요. 이 책은 심신(心身)이 건강한 아이로 키우고 싶은 엄마들, 몸이 허약한 아이를 키우느라 마음고생이 심한 엄마뿐만 아니라 앞으로 건강한 아이를 출산하고 싶은 예비 엄마와 마크로비오틱을 처음 접하는 모든 분들에게 추천하고 싶어요. 많은 분들에게 큰 도움이 될 요리책이라고 굳게 믿어요.
이제 '마크로비오틱 아이 밥상'을 통해 엄마의 사랑이 듬뿍 담긴 자연을 아이들에게 선물해보세요!

Special Thanks

항상 내 곁에서 적극적이고 빠른 몸놀림으로 도와준 이서진 씨, 투박한 내 요리를 빛나게 꾸며준 스타일리스트 문인영·문지영 씨, 요리의 맛까지 사진에 담아준 사진작가 조은선·신지호 씨, 아름다운 편집자 정신을 보여준 장선희·윤세미 씨 그리고 이 책의 주인공인 사랑스러운 마크로비오틱 음식들에게 감사의 말을 전하고 싶어요.

부디 이 책에 담긴 건강한 에너지가 독자들에게 많이 전해졌으면 해요.

大人はかつて　はじめは子どもだった　_____サン・デグジュペリ
私はお父さんとお母さんにとっては永遠に子どもです。
それぞれの苦境を乗り越えようとしている私の親友は共に大人へと歩む同士です。
どうかいつまでもふたりの喜びであり、誇れる子どもでありますように。
夢を叶える大人になるための、よい刺激となり、励ましとなりますように。
この本がその証であり、標となりますように。
愛情へのお礼であり、友情の輝きでありますように。

2010년 3월 아름다운 봄날에
이와사키 유카

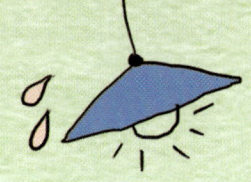

차례

❖ 여는 글 · '식육(食育)'의 철학을 담은 마크로비오틱 아이 밥상 4
❖ 우리 아이, 자연을 담은 마크로비오틱으로 키우기 10
❖ 사람의 몸을 이롭게 하는 마크로비오틱 대체 식품 12
❖ 마크로비오틱 쿠킹 툴 14
❖ 마크로비오틱 원재료 만들기 16
❖ 눈으로 보는 눈대중, 손대중 계량법 17
❖ 마크로비오틱 재료 손질법 19

1장. 외식은 그만, 믿을 수 있는 홈메이드 일품 요리

채소듬뿍카레 26
현미크로켓 28
오트밀연근소시지 30
꼬까옷오므라이스 32
수수소스스파게티 34
기장치즈를얹은간단피자 36
언두부탕수육 38
스크램블두부샌드위치 40
언두부돈까스 42
버섯고사리햄버그 44

2장. 매일 먹는 건강의 즐거움, 마크로비오틱 건강 반찬

양배추볼 48
스파게티샐러드 50
유부주머니조림 52
쪽파뿌리전 54
근대참깨무침 56
유부알배기볶음 58
월남쌈 60
버섯양파조림 62
양배추김무침 64
연근볶음 66
단호박브로콜리그라탕 68
단호박조림 70

우엉푸룬조림 72
마늘종볶음 74
애호박아몬드범벅 76
삼색빵가루구이 78
오이미역무침 80
고구마호박샐러드 82
마당근된장조림 84
청경채무즙소스 86

3장. 아이가 싫어하는 재료는 숨기고 맛과 영양은 높인 숨바꼭질 건강요리

당근연근너깃 90
당근케첩스파게티 92
현미밥을곁들인근채쌈장 94
근채튀김덮밥 96
두부된장구이 98
계란없는계란말이 100
무떡 102
마로만든크로켓 104
크리미그라탕 106
톳춘권 108
톳슈마이 110
달콤유부초밥 112
쑥갓전 114

4장. 엄마의 정성으로 자연을 가득 담은 국물 요리

볶음근채된장국 118
양상추수프 120
옥수수양파수프 122
낫토청국장 124
콩나물국 126
아삭아삭간장국 128
진미된장국 130
채소가득두유스튜 132

5장. 특별한 내 아이에게 만들어주고픈 마크로비오틱 별미

옥수수경단찜 136
율무파이 138
내맘대로초밥 140
두부크로켓 142
집나간깐쇼새우 144
호박두유수제비 146
숙주나물잡채 148
단호박버그 150
꽃모양교자 152
타코라이스 154
즉석초밥 156
메밀국수파티 158

6장. 미리 미리 챙기는 아토피 예방 한 숟갈, 현미밥

밥친구들 162
현미주먹밥튀김 164
토로로덮밥 166
브로콜리볶음밥 168
파된장볶음과구운삼각주먹밥 170
두부대파볶음덮밥 172
김조림 174
고구마밥 176
콩나물밥 178
당근밥 180

7장. 내 아이에게 안심하고 먹일 수 있는 엄마표 웰빙 간식

채식라면 184
이탈리언떡볶이 186
간장떡볶이 188
채식우동 190
볶음면 192
고구마찜케이크 194
딸기와금귤셰이크 196
기장쿠키 198

차조도넛 200
애플파이 202
참깨쿠키 204
미숫가루푸딩 206
당근젤리 208
건포도스콘 210
현미빵 212
애플사이다 214
마시는베리요거트 216

8장. 비만을 예방하고 성장 발육을 돕는 마크로비오틱 고단백 요리

밀고기꼬치구이 220
날씬한불고기 222
언두부치킨 224
콩자반 226
포테이토샐러드 228

9장. 늘 곁에 있는 김치처럼, 맵지 않아 내 아이도 잘먹는 마크로비오틱 김치

백김치 232
물김치 234
채소피클 236
연근감절임 238
배추절임 240
오이무초절임 242

10장. 모두에게 자랑하고 싶은 예쁘고 건강한 우리집 도시락

오색빛깔찬란한도시락 246
개성만점도시락 247
알뜰살뜰도시락 248
외강내유도시락 249
맛을품은샌드위치도시락 250
마크로비오틱 도시락 이야기 251

INDEX 252

♥ 우리 아이, 자연을 담은 마크로비오틱으로 키우기

아이를 위한 마크로비오틱 밥상도 어른과 마찬가지로 '자연을 통째로 먹는' 마크로비오틱의 원칙이나 음양과 에너지의 밸런스가 기본이 돼요. 하지만 어른과 다른 성장 속도를 갖고 있기에 아이 밥상에는 특별한 원칙이 숨어 있죠. 지금부터 마크로비오틱 아이 밥상의 비밀을 차근차근 살펴볼까요?

01 염분을 적게, 간은 싱겁게, 순한 맛을 즐기자

엄마보다 날씬했으면, 아빠보다 더 컸으면 하는 것이 부모 마음이죠. 아이의 성장을 위해서는 무엇보다 적당한 염분을 조절해서 먹이는 게 중요해요. 성장기 아이에게는 과다한 양의 염분이 오히려 성장을 저해시키는 원인이 되기 때문이에요. 음양으로 말하자면 아이 밥상에서의 음의 기운은 상승·확장·늘어남을 상징해요. 그러므로 키가 크려면 음의 에너지가 많이 필요하죠. 우리 곁에 있는 식재료 중에서는 두부, 유부, 두유 등에 음의 에너지가 많이 들어 있어요. 채소 또한 신선한 것에 음의 기운이 많이 들어가 있고, 간을 하지 않고 찐 채소, 끓는 물에 살짝 데친 채소에도 음의 기운이 들어 있어요. 밥은 꼭 현미만을 고집할 필요 없이 쌀이나 면류, 빵을 골고루 먹는 것이 성장에 좋아요. 짠 음식은 아이의 섬세한 미뢰를 자극하여 미각세포를 죽이고 소화기관에 부담을 줘요. 따라서 어릴수록 향신료나 겨자, 고추, 많은 양의 염분 등의 자극적인 맛을 피하고, 대신에 약간 싱겁게 먹거나 달게 먹는 습관을 길들이는 게 중요해요. 음식을 달게 먹는 것도 설탕을 이용한 단맛이 아닌, 식재료가 지닌 고유의 단맛을 살리는 것이 좋아요.

02 키를 크게 하는 삼총사! '단백질·지방·수분'

우리 몸의 근육, 머리카락, 손톱, 피부, 각종 장기를 구성하는 단백질은 어른보다 하루가 다르게 성장하는 아이에게 더욱 더 필요한 영양소예요. 마크로비오틱에서는 성장기 아이들을 위해 단백질이 많이 들어 있는 식재료인 콩, 곡물, 밀고기를 즐겨 사용하죠. 아이들을 위한 식재료는 될 수 있으면 양질의 것으로 사용하고, 소화와 대사에 부담이 없도록 조리하는 것이 좋아요. 하지만 여러 가지 영양분이 골고루 필요하기에 마크로비오틱 식재료뿐만 아니라 생선 등의 동물성 식품에서도 지방을 섭취해야 해요. 동물성 식품을 섭취할 땐 소화가 잘되도록 무, 생강, 열무, 파, 양배추, 버섯, 레몬, 사과 등 채소나 과일을 곁들여 먹는 게 가장 좋아요. 또한 튀김 등 기름기가 있는 음식을 먹을 땐 무즙이나 레몬을 곁들여 기름이 잘 소화되도록 해주세요. 어린이는 어른보다 대사가 빠르고 활동량도 많기 때문에 소모되는 수분도 많아요. 갈증이 난다고 해서 탄산음료나 주스, 이온음료를 마시게 하는 것보다는 요리를 통해 수분을 간접적으로 섭취할 수 있게끔 유도하는 게 중요해요. 빵처럼 오븐으로 구운 요리보다는 찌거나 조리거나 국물로 된 요리를 만들어주세요. 국, 수프를 하루에 한 번 이상 먹으면 수분 섭취에 도움이 돼요.

03 꼭꼭 씹어 먹기, 꼭꼭 약속하자

음식을 꼭꼭 씹어 먹는 것이야말로 마크로비오틱의 기본이며 건강의 기원, 발육의 시작이에요. 자칫 사소하게 생각하고 잊어버릴 수도 있지만, 씹는 동작만으로도 턱이나 가슴 주변의 근육이 길러지고 호흡기도 건강해져서 천식이나 폐렴, 비염에 걸릴 위험이 낮아지죠. 또한 충치를 막아주고 치열도 고르게 바뀌며 비만이나 소화불량을 예방할 수 있어요. 기억력이나 학습능력 등 뇌 발달에도 큰 영향을 미칠 만큼 음식을 꼭꼭 씹어 먹는 습관은 매우 중요해요. 아기에서 아이로 커가는 과정과 함께 먹는 방법도 빨아 먹는 것에서 삼키는 것, 씹어 먹는 것으로 점차 복잡해져요. 이 과정에서 엄마들은 아이가 스스로 먹을 수 있는 음식을 조절해줘야 해요. 어느 정도의 밀도를 가진 음식을 먹을 수 있는지, 아직 무른 음식을 먹는지, 아니면 딱딱한 것도 먹을 수 있는지 세심히 관찰하세요. 이 과정에서의 훈련이 잘못되면 아이는 편식을 하거나 씹는 것에 대한 잘못된 습관이 몸에 밸 위험이 있거든요. 씹는 습관을 훈련하기 위해서는 오랫동안 천천히 씹을 수 있는 음식을 주는 게 좋아요. 아이가 먹을 현미밥을 지을 때는 어른이 먹을 때보다 물을 조금 더 넣어 딱딱한 현미가 부드러워지도록 배려하세요. 채소나 콩을 익힐 때도 평소보다 오래 조리며 충분히 부드러워졌는지 확인하세요. 아이를 위한 음식은 부드럽게 조리해 씹을 때나 소화할 때 부담이 느껴지지 않도록 해주세요. 그 대신 씹는 습관을 제대로 배울 수 있게 섬유질이 많은 채소나 껍질째 조리한 음식, 다양한 식감의 음식을 주는 것도 좋아요.

04 부모의 사랑을 먹고 자라는 아이를 위하여

'자연의 에너지를 통째로 얻어 건강하게 살자'는 정신을 담은 것이 마크로비오틱이에요. 하지만 무엇보다 아이에게 큰 힘이 되는 건 부모의 사랑이겠죠. 부모가 아이를 위해 정성껏 준비한 음식이야말로 아이에게는 보약이에요. 아직도 마크로비오틱 아이 밥상이 어렵게 느껴진다면, 무조건 '사랑하는 내 아이, 건강하게 잘 키워야지!' 라는 마음으로 요리를 해보세요. 엄마의 무한한 마음, 그 자체가 이미 훌륭한 마크로비오틱 아이 밥상입니다.

⟫⟫⟫ 부엌은 배움터, 놀이터

아이들은 엄마와 함께 요리를 만들어보면서 음식에 대한 지식이나 영양에 관한 이해 등 많은 것을 배우며 편식을 고쳐나갑니다. 이제부터라도 아이에게 소중한 배움의 기회를 만들어줍시다.

1 아이는 안전하고 재미있게 엄마는 여유 있게 요리를 할 수 있는 환경을 만들어요
아이가 싱크대 높이에 맞춰 요리할 수 있도록 발판을 준비하세요. 바닥에는 신문지나 종이를 깔아두면 요리가 끝난 후 정리도 간편합니다. 또한 아이의 손 크기에 맞고 안전한 칼이나 가위를 준비하면 좋아요. 또 재미있는 요리시간을 위해 모양 틀이나 다양한 크기, 모양의 컵을 준비해주세요.

2 요리하기 불편하지 않게 위생적으로 하기 위해 체크해주세요
손은 씻었나요? 손톱은 길지 않나요? 앞치마를 하고 머리카락이 떨어지지 않도록 두건을 하거나 묶어요. 소매가 요리에 닿지 않도록 미리 걷어주세요!

3 아이와 함께 요리를 할 때는 무엇보다 엄마의 역할이 중요해요
아이에게 무조건 명령하거나 재촉하지 말고 맡긴 후 천천히 지켜보고 칭찬을 해줘요. 엄마와의 요리를 통해 아이가 상상력, 집중력, 사고력을 키운다면 부모는 인내력을 키워야 합니다. 부엌이 엉망이 되고 느릿느릿한 아이의 움직임이 답답하더라도, 사실 아이가 요리를 통해 얻을 수 있는 다양한 변화와는 비교도 할 수 없죠. 예쁘고 깔끔하게 만드는 것보다는 아이가 즐겁고 안전하게 만드는 것이 중요하다는 것 잊지 마세요.
이 요리 책에서는 아이와 같이 즐길 수 있는 요리 과정이나 포인트를 제안하고 있습니다. 단, 소개한 내용들은 아이의 나이나 이해도, 환경에 따라 차이가 있으므로 절대 무리하는 일이 없도록 해주세요. 또한 난이도에 상관없이 어떤 과정이라도 꼭 옆에서 지켜보시길 바랍니다.

♥사람의 몸을 이롭게 하는 마크로비오틱 대체식품

마크로비오틱에서는 극음성이나 극양성 등 음양의 기운이 지나치게 한쪽으로 치우친 식품이나 항생제, 인공첨가물 등을 넣어 인위적으로 만든 식품을 지양해요. 이런 식품들은 너무 지나친 에너지를 가지고 있어서 몸에 주는 영향이 크고 밸런스를 무너뜨리기 쉽지요. 앞으로는 우리 아이를 위해 신진대사에 큰 부담을 주지 않고 몸속에 토양의 기운과 음양의 조화를 이룬 마크로비오틱 식품으로 대체해보는 건 어떨까요?

고기 극양성으로 대사 과정에서 몸에 유해한 노폐물을 발생하고 대장암을 유발해요. 또한 몸을 산성화시키므로 주의하세요.

수수 'meat millet' 즉 밭에서 나는 고기라는 뜻이죠. 혈액을 맑게 하고 혈압을 낮추는 루틴도 많아서 고혈압이나 동맥경화를 예방하고 아토피 치유에도 도움을 주는 곡물이에요. 색이나 식감이 고기와 비슷해서 다진 고기 대신 사용하면 아주 좋아요.

달걀, 우유 달걀은 강한 에너지를 가진 식품으로 몸의 대사에 영향을 미치고 콜레스테롤의 위험이 있어요. 또한 아시아인 중에는 우유에 들어 있는 유당을 소화하지 못하는 사람이 많아요.

두부 대두를 보다 소화하기 쉽게 가공한 식품으로 칼슘과, 칼슘의 흡수를 도와주는 마그네슘이 풍부하고 질이 좋은 식물성 단백질을 섭취할 수 있어요.

마요네즈소스 기름기가 많고 칼로리가 높아 비만의 원인이 될 수 있어요.

두부소스 칼로리가 낮고 콜레스테롤이 없어요. 시판 마요네즈에 비해 식품첨가물이 들어가지 않아서 아이에게도 안심하고 먹일 수 있지요.

요거트 유지방 함량이 높고 설탕이나 식품첨가물이 들어 있으므로 조심해야 해요.

두부요거트 칼로리가 낮고 식물성 식품으로 만들어 소화에 부담이 없어요. 또한 수제로 만들어 식품첨가물이 들어 있지 않아 더욱 안심할 수 있지요.

감자 전분 몸을 차게 하는 성질이 있는 감자는 전분으로 만들어졌을 때 음의 에너지가 더욱 응축되기 때문에 주의하세요.

칡 전분 몸을 데우는 성질이 있고 장에 문제가 생겼을 때 먹으면 약효가 뛰어나요. 구하기 어렵기 때문에 찹쌀가루나 멥쌀가루로 대체해서 사용하세요.

설탕 정제된 설탕은 혈액을 탁하게 하고 대사 시 체내의 비타민, 미네랄을 소비해요.

조청, 메이플시럽 당분 이외에 비타민, 미네랄이 풍부하고 혈당이 천천히 상승되어 몸에 주는 부담이 적어요.

백미 도정 과정에서 이로운 영양소가 파괴되어 생명력이 없어요.

현미 생명력과 영양 성분이 가득하고 유해 물질을 배출하는 작용을 해요.

시판 케첩 여름 채소인 토마토는 몸을 식히는 극음성 식품이에요. 거기다가 시판 케첩에는 설탕이나 식품첨가물이 함유되어 있어요.

당근케첩 근채인 당근으로 만든 케첩이에요. 당근은 몸을 따뜻하게 데워주고 식품첨가물이 들어 있지 않아요.

정제염 과도한 에너지를 가진 정제염은 혈액의 질을 나쁘게 하고 몸의 밸런스를 깨트리죠. 그렇기 때문에 고혈압이나 심장병, 신장병의 원인으로 지목받고 있어요.

천일염 비타민과 미네랄이 풍부하고 요리의 맛을 살려줘요.

♥마크로비오틱 쿠킹 툴

마크로비오틱 요리에 자주 사용하는 조리기구, 조미료 등 요리를 하기 전에 꼭 알아야 할 정보랍니다.

※ 두유, 캔 옥수수, 주스류, 잼은 모두 무가당 제품이에요. 소개한 재료뿐만 아니라 다른 가공식품도 되도록이면 무가당을 써주세요.

압력솥 현미를 지을 때 꼭 필요한 기구로 조리시간을 단축하고 싶을 때나 딱딱한 콩 등의 식재료를 익힐 때 사용해요.

찜통 채소를 찔 때나 식힌 현미밥을 데울 때 사용해요.

볶음용 나무주걱 식품을 볶거나 섞을 때 사용해요. 원극인 주걱은 뒤집을 때 사용할 수도 있어요. 코팅되지 않은 것을 구별해서 사용하면 더욱 좋아요.

세라믹 강판 중앙에 약간 융기가 있어 연근, 당근, 생강, 사과 등의 채소나 과일을 갈 때 사용하면 쉽게 갈 수 있어요.

대나무 체 삶거나 데친 채소를 받칠 때, 물에 씻은 채소의 물기를 뺄 때 사용해요.

사각형 체 두부의 물기를 뺄 때 사용해요.

원형 체 김발을 얹어 메밀이나 냉국수를 담을 때 사용하면 좋아요.

납작한 계량스푼 반작은술(2.5cc), 작은술(5cc), 큰술(15cc). 끈기가 있는 조청이나 된장을 계량할 때 쓰면 꺼내기 쉬워요.

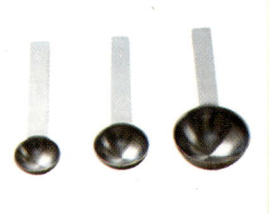

동그란 계량스푼 스푼에 받침대가 있어서 조미료를 계량한 후 테이블 위에 둘 수 있어 편리해요.

양념절구와 나무공이 참깨나 견과류를 갈거나 된장을 곱게 풀 때 사용해요.

스테인레스 팬 기름 없이 물로 볶거나 구울 때 사용해요. 식초가 들어간 요리를 철 프라이팬에 넣어 만들면 식초의 산 때문에 철이 녹을 수 있으므로 이럴 때 스테인레스 팬을 사용해요.

코팅 팬 마크로비오틱에서 권하지 않는 소재이지만 기름을 첨가하고 싶을 때 사용하거나 부침개 등 팬에 눌러 붙기 쉬운 요리를 할 때 사용하면 좋아요.

김발 김밥이나 채소롤을 만들 때, 면이나 채소류의 물기를 뺄 때 사용해도 좋아요.

스퀴즈(Sqeeze) 레몬이나 감귤류의 과즙을 짤 때 사용해요.

철 프라이팬 볶음 요리, 굽는 요리를 만들 때 사용하면 철분 섭취를 도와줘요.

계량컵 계량한 식재료를 담거나 조리하기 전에 양념장이나 가루 종류의 준비를 할 때 사용해요.

스테인레스 찜통 기름이 나오는 요리를 찔 때 대나무 찜통보다 좋아요.

블렌더 주로 부드러운 질감의 내용물을 얻을 때 사용하는 블렌더는 강한 음성 에너지인 조리 기구이므로 너무 자주 사용하진 말아야 해요.

조미료

유기농 찹쌀가루 요리에 끈기를 내고 싶을 때나 부침, 튀김 등을 할 때 전분, 밀가루 대신 사용해요. 현미 찹쌀가루를 사용하면 건강에 더욱 좋아요.

조미료

유기농 현미식초, 유기농 올리브 오일 식초는 과당을 넣지 않고 현미와 정제수만으로 만든 것을 선택해요. 올리브 오일은 드레싱이나 파스타 소스를 만들 때 써요.

조미료

유기농 된장 된장을 고를 때는 합성보존료 등 식품첨가물 없이 대두, 정제염, 주정, 종국만 들어간 것을 선택해요. 메주 된장의 원재료는 순하지만 염분이 높으므로 물이나 맛국물에 희석해서 사용해요.

조미료

유기농 양조간장 대두, 밀, 정제수, 천일염, 주정을 원료로 만든 간장을 선택해요. 유기농 대두는 외국산이 대부분이므로 꼭 유기농이 아니어도 국산 콩으로 만든 간장을 사용해요.

조미료

쌀조청 국산 쌀과 엿기름, 효소만을 사용해 무설탕, 무색소, 무방부제로 만든 것을 골라요. 정제된 투명한 것보다 곡물의 영양을 그대로 담은 황토색을 띠는 것이 건강에 좋아요.

조미료

무농약 국간장 메주와 천일염으로 만든 순한 조선간장은 색은 연해도 짠맛이 강해요. 요리의 색을 살리고 싶을 때 사용해요.

♥ 마크로비오틱 원재료 만들기

》 현미밥 짓기

현미밥은 마크로비오틱 요리의 기본이죠. 요즘 건강의 화두, 현미밥! 건강한 현미밥을 짓기 위해 꼭 알아야 할 현미 씻는 노하우와 현미밥 짓는 방법을 공개합니다.

01 썩고 상한 현미를 일일이 손으로 골라내요. 흡수력이 높은 첫물로는 꼭 생수를 사용하고 얼른 따라내어 먼지를 제거해요.

02 쌀을 씻을 때는 양손으로 살살 비비면서 씻은 후 마지막에 그릇째 흔들어 불순물이 위로 뜨도록 해요.

03 체에 받친 현미를 압력솥으로 옮길 때 손으로 긁어 담지 않도록 주의해요. 현미 표면에 자극을 주어 영양소가 손실될 수 있으니까요.

04 압력밥솥에 씻은 쌀과 소금(현미 1컵당 1/10작은술)을 넣고 중탕으로 밥을 지어요.

◆ **내열용기 사용 시** 현미쌀 : 물 = 1 : 1 비율로 맞춰서 20분간 가열해요. 여름에는 2시간, 겨울에는 5시간 이상 담가둬요.
◆ **압력솥 사용 시** 현미쌀 : 물 = 1 : 1.2~1.5 (1~5컵), 현미쌀 : 물 = 1 : 1 (5~10컵) / 15분 동안 가열해요.
Macrobiotic Tip 소금 양은 현미 1컵당 1/10작은술을 넣어요.

》 밀고기 만들기

극양성의 고기를 지양하는 대신 수수와 언두부, 밀고기를 이용해 고기에 대한 식욕을 채우는 마크로비오틱 레시피. 귀찮아도 조금만 움직이면 몰라보게 개선되는 마크로비오틱 라이프를 경험해보세요.

[밀고기 한 덩어리 양] 글루텐 100g, 통밀가루 10g, 소금 1/4작은술 **[조림액]** 물 2컵, 간장 2큰술, 다시마 3cm조각, 마늘, 생강, 대파, 쪽파 뿌리 등

01 조림액의 모든 재료를 합쳐서 끓여요. 이때 냄비에 따라 양이 변경되는 건 상관없지만 물과 간장의 1:1 비율은 꼭 지켜주세요.

02 볼에 밀고기 재료를 넣고 물 1컵을 더해요.

03 한 덩어리가 될 때까지 잘 반죽해요.

04 반죽을 떼어 적당한 크기로 찢어 끓고 있는 ❶에 더해 1시간 정도 조려요.

Macrobiotic Tip 꼬치구이로 쓸 때는 한입 크기로 떼어내어 조려요. 불고기로 쓸 때는 덩어리 상태로 조리고 나중에 잘라 쓰면 좋아요. 밀고기는 냉동 보관이 가능하니 두고두고 먹을 수 있어요.

♥ 눈으로 보는 눈대중, 손대중 계량법

식품저울, 계량스푼이 없다고 고민하지 마세요. 꿩 대신 닭! 밥숟가락, 종이컵을 사용해서 쉽고 빠르게 계량할 수 있는 노하우가 있으니까요. 종이컵에 담고, 직접 중량을 재지 않아도 눈짐작으로 알 수 있고, 손가락 마디로 재료 길이를 잴 수 있는 비법도 있으니 저울이 없다고 푸념말고 눈치껏 요리해보아요.

** 품종에 따라 채소의 크기나 곡물의 중량은 일정하지 않아요. 아래의 수치는 평균적인 중량이니 참고하세요.

기본 정보 1큰술 = 1.5숟가락, 1작은술 = 0.5숟가락, 200cc = 1컵, 검지 손가락 두 번째 마디 = 2cm

〈마크로비오틱 요리에 단골로 등장하는 곡물 Best 4 종이컵 계량법〉 딱 이만큼이 100g!

오트밀 100g

팥 100g

수수 100g

율무 100g

〈마크로비오틱 요리에 단골로 등장하는 식재료 중량〉

채소

무 480g_ 지름 9cm, 길이 10cm
당근 150g_ 지름 5cm, 길이 10cm
연근 160g_ 지름 7cm, 길이 10cm
우엉 25g_ 지름 2.5cm, 길이 10cm
마 100g_ 지름 6cm, 길이 10cm
양파 대(大) 250g, 중(中) 200g, 소(小) 150g
애호박 350g_ 1개
브로콜리 350g_ 1개
배추(작은 사이즈) 35g_ 잎 1장

해조류

미역 4g_ 3숟가락
톳 10g_ 3숟가락

두부

부침용 두부 420g_ 1모
생식용 두부 235g_ 1모
순두부용 두부 350g_ 1모

버섯

느타리버섯 190g_ 1팩
팽이버섯 150g_ 1팩

곤약

곤약 250g_ 1팩

♥ 마크로비오틱 재료 손질법

음양의 조화를 기본으로 하는 마크로비오틱 요리에서는 재료 손질이 가장 중요해요. 흙이 잔뜩 묻어 있는 파뿌리, 우엉 껍질, 양배추 꼭지 부분에는 토양의 에너지가 가득하지요. 어떻게 재료를 손질하느냐에 따라서 이 식품들이 가진 에너지를 끌어 올릴 수도 있고 끌어 내릴 수도 있어요. 우엉을 연필 깎듯이 얇게 썰거나 혹은 고정된 방향 없이 다양한 면이 고루 들어가게 마구 썰거나, 양배추 꼭지 부분을 다져서 사용하는 등 마크로비오틱 요리에서만 만날 수 있는 특별한 재료 손질법을 공개합니다.

우엉 우엉은 알칼리성이 강하고 산화된 몸을 중화시키기 때문에 질병이 있는 사람에게 좋은 식품이에요. 위장이나 대장을 깨끗이 청소해주는 식물섬유가 풍부해 변비나 대장암을 예방해요. 또한 이뇨작용과 신장 기능을 높이고 열을 내리는 작용도 있어 염증이나 아토피 발진을 막는 데 효과적인 식품이랍니다.

재료 손질법 1 연필을 깎듯이 얇게 썰어요. **2** 채 썰 때는 비스듬히 얇게 저민 후 길게 잘라요. **3** 고정된 방향 없이 중심, 겉, 아래, 밑부분 등 식품 재료의 다양한 면이 고루 들어가게 써는 마구썰기는 음양의 에너지를 조화시키는 손질법이에요.

양배추 양배추는 음과 양의 에너지를 골고루 갖춘 채소예요. 양성 에너지는 세포를 조여주고 부기 완화에 도움을 주어 과식으로 부은 위장이나 췌장을 가라앉혀 주지요. 또한 양배추에는 염증이나 궤양 예방에 좋은 비타민U와 출혈을 막는 비타민K가 들어 있어요. 따라서 잎은 부어오른 환부나 열이 나는 이마에 양배추 잎을 대어주면 열이 내리며 증상이 좋아져요.

재료 손질법 1 겉껍질만 벗겨요. **2** V자로 칼질을 해 줄기 부분과 잎 부분을 잘라요. **3** 잎 부분은 잎맥과 잎맥을 맞추어서 합쳐요. **4** 잎맥 방향대로 자르고 나서 요리에 따라 채를 썰거나 원하는 길이로 잘라요. 줄기 부분에 칼을 수평으로 넣어서 비스듬히 얇게 저며요. **5** 양배추 꼭지 부분은 섬유질이 많아 딱딱하기 때문에 가로로 자르거나 다져서 사용해요. 생으로 먹는 것보다 조리거나 끓이는 요리에 어울려요.

양파 양파나 대파, 부추에 있는 황화알릴은 소화액의 분비를 도와주고 비타민B1의 흡수를 높여요. 양파의 비타민B1은 피로, 식욕부진, 불면증, 정신 불안정 등의 해소에 도움을 주고, 당질은 혈당치를 안정시켜 고혈압이나 당뇨병 개선에 효과가 있어요. 극양성인 고기를 먹을 때 음성인 생양파를 같이 먹으면 소화, 분해에 도움이 돼요. 양파의 중심 부분과 밑부분은 양성, 겉 부분과 윗부분은 음성이에요.

재료 손질법 1 꼭지 부분은 검은 부분만 잘라내고 윗부분은 건조된 부분만 최소한으로 잘라내요. **2** 양파를 얇게 저밀 때는 아래와 위, 겉과 안의 음양이 한 조각에 모두 들어가게 잘라요. **3** 우선 반으로 자르고 양파를 세워서 부채꼴로 돌리면서 잘라요.

파 파의 푸른 부분(잎)은 음성이고 흰 부분(대)은 양성이에요. 뿌리에서 잎으로 갈수록 에너지가 강해져요. 푸른 부분은 흰 부분에 비해 햇빛을 많이 받아 비타민C, 카로틴, 비타민B군이 많아요. 카로틴은 활성산소(생물체의 내부에서 만들어지는 반응성이 큰 산소의 화합물)를 억제하는 작용이 있어 암을 예방해요. 또한 면역력을 활성화해 비타민C와 결합하면 감기 예방에 좋아요. 뿌리 부분에 많은 독특한 향기 성분인 황화알릴은 유산을 분해해서 피로 해소나 감기 예방에 좋아요

재료 손질법 1 뿌리는 파의 씨앗이었던 부분으로 생명력이 강하기 때문에 버리지 말고 먹도록 해요. **2** 꼭지 부분을 잘 씻고 다져서 국이나 볶음 요리를 할 때 넣으면 파의 쓴맛이 향신료 역할을 해서 풍미를 더해줘요. **3** 뿌리 부분을 다져서 꼭지 부분과 같이 섞어서 사용하거나 밀가루를 얇게 묻혀서 튀기면 색다른 맛을 낼 수 있어요. 대파를 다질 때는 비스듬히 칼집을 넣었다가 뒤집어서 반대 면에도 같이 칼질을 넣어서 가로로 썰어요.

표고버섯 버섯의 종류에 상관없이 생버섯은 칼륨이 많아서 극음성 식품이에요. 극양성인 동물성 식품으로 만든 요리에 극음성인 버섯을 넣으면 균형을 맞출 수 있어요. 또 기름기가 많은 요리에 버섯을 넣으면 음성과 비타민 B군이 지방대사를 촉진하고 소화 흡수를 도와요. 동물성 식품의 해독이나 고혈압, 고지혈증에도 좋지요. 버섯은 일반적으로 음성이 강한 식품이므로 요리할 때 소금을 넣으면 음성 기운을 완화시킬 수 있어요. 또한 버섯에 있는 베타글루칸은 암세포의 발생과 진행을 억제하고 감기 등 바이러스성 질병의 예방에 좋아요. 양성인 햇빛은 음성을 완화시키는 효과가 있고 또 칼슘 흡수를 돕는 비타민 D가 생성되기 때문에 요리하기 전에 잠깐 햇빛에 말리는 게 좋아요.

재료 손질법 1 줄기와 삿갓 부분으로 나눠요. 꼭지는 딱딱한 밑부분만 잘라버려요. **2, 3** 자를 때는 반으로 잘랐다가 부채꼴로 채를 썰거나 요리에 따라 먹기 좋은 크기로 썰어요. **4** 줄기 부분은 손으로 찢어서 사용해요.

브로콜리 브로콜리에는 감기 예방에 좋은 비타민 C와 피부 점막의 저항력을 높여주는 카로틴이 많아서 피부 미용에 좋아요. 양성 요소인 마그네슘도 포함되어 있어서 적당한 음성과 양성을 지녀요. 또한 세포 분열이나 적혈구의 증식에 필요한 엽산이 풍부해서 빈혈과 동맥경화 예방에 좋아요.

재료 손질법 1 줄기 부분의 상한 곳만 잘라내요. 2 잎 부분은 먹고 봉오리 부분은 줄기 부분에 칼집을 넣어서 손으로 찢어서 잘라요. 3 줄기는 얇게 저미고 볶음이나 무침에 사용해요. 4 줄기 부분을 4등분 해서 마구썰기 하고 조림이나 수프에 사용해요.

당근 마크로비오틱에서 당근은 사람 다리와 닮아서 먹으면 하반신을 튼튼하게 한다고 이야기해요. 당근은 뿌리채소라서 양성 성분이 몸을 데워주고 냉증을 예방하지요. 또 카로틴이 많아서 빈혈을 예방하고 조혈 작용을 해요. 카로틴은 지용성 비타민으로 기름과 같이 조리하면 체내 흡수율이 높아져요.

재료 손질법 1 꼭지 부분은 검은 부분만 잘라내요. 2 싹이 나오는 부분과 뿌리는 잘라내지 말고 모두 먹어요. 3 양성인 중심 부분과 음성인 겉 부분이 한 조각에 들어가게 썰어요. 4 채 썰 때는 비스듬히 썬 다음 다시 길게 썰어야 음성인 윗부분과 양성인 밑부분이 고루 포함돼요. 5 마구썰기는 중심, 겉, 아래, 밑 부분 모든 음양 요소가 들어가는 손질법이에요.

연근 연근에 함유된 무틴(mutin: 산감자, 연근, 토란 등에 들어 있는 끈적거리는 점액 성분)은 위장을 건강하게 하고, 자양강장(滋養强壯)과 당뇨병에 효과가 있어요. 또 다른 영양 성분인 탄닌은 기침이나 설사를 막고 출혈이나 염증, 궤양 등 음성 증상에 효과가 있어요. 마크로비오틱에서는 외형적으로 닮은 물질은 서로 영향을 준다고 말해요. 이 이론에 근거해서 연근의 모양이 사람의 목과 닮아 기관지에 좋고 실제로도 양성 성분인 탄닌의 에너지가 혈관이나 세포를 조여줘 기관지 질환에 약효가 있어요.

재료 손질법 1 꼭지 부분은 특히 양성이 강하고 질환에 효능이 있어요. 얇게 저민 다음 말려서 기침이 날 때 차로 마시면 좋아요. 2 가로로 얇게 저며서 자르면 연근의 음성 기운이 완화돼요. 3 마구썰기를 할 때는 세로로 길게 자른 다음 썰어요. 4 전분질이 많은 연근을 강판에 갈아서 반죽이나 경단을 만드는 데 사용해요.

무 뿌리채소인 무는 채소나 동그란 채소에 비해서 양성이지만 뿌리채소 중에서는 굵고 수분이 많고 색깔도 하얘서 우엉이나 당근보다는 음성이에요. 따라서 뿌리채소 중에서는 중용에 가깝지요. 탄수화물, 단백질, 지방 등 소화를 돕는 수많은 소화효소가 있고 동물성 식품을 해독하는 데 최적의 식품이에요. 특히 단백질을 분해하고 소화시키는 효소 덕분에 신장 기능의 회복에 좋고 부종을 예방하고 이뇨작용도 하지요. 또한 체내에 축적된 과잉의 단백질을 분해하여 아토피의 가려움증을 덜어주는 효과도 있어요. 그 외에 열을 내리는 작용이 있어서 발열이나 염증 예방에 좋아요.

재료 손질법 1 무의 꼭지 주변 부분과 색이 변하거나 상한 부분만 도려내요. 2 부채꼴 썰기 3 부채꼴로 자른 후 얇게 썰어요. 4 4등분 한 후 같은 굵기로 썰어요. 5 채 썰어 쓰거나 6 마구썰기 해서 써요.

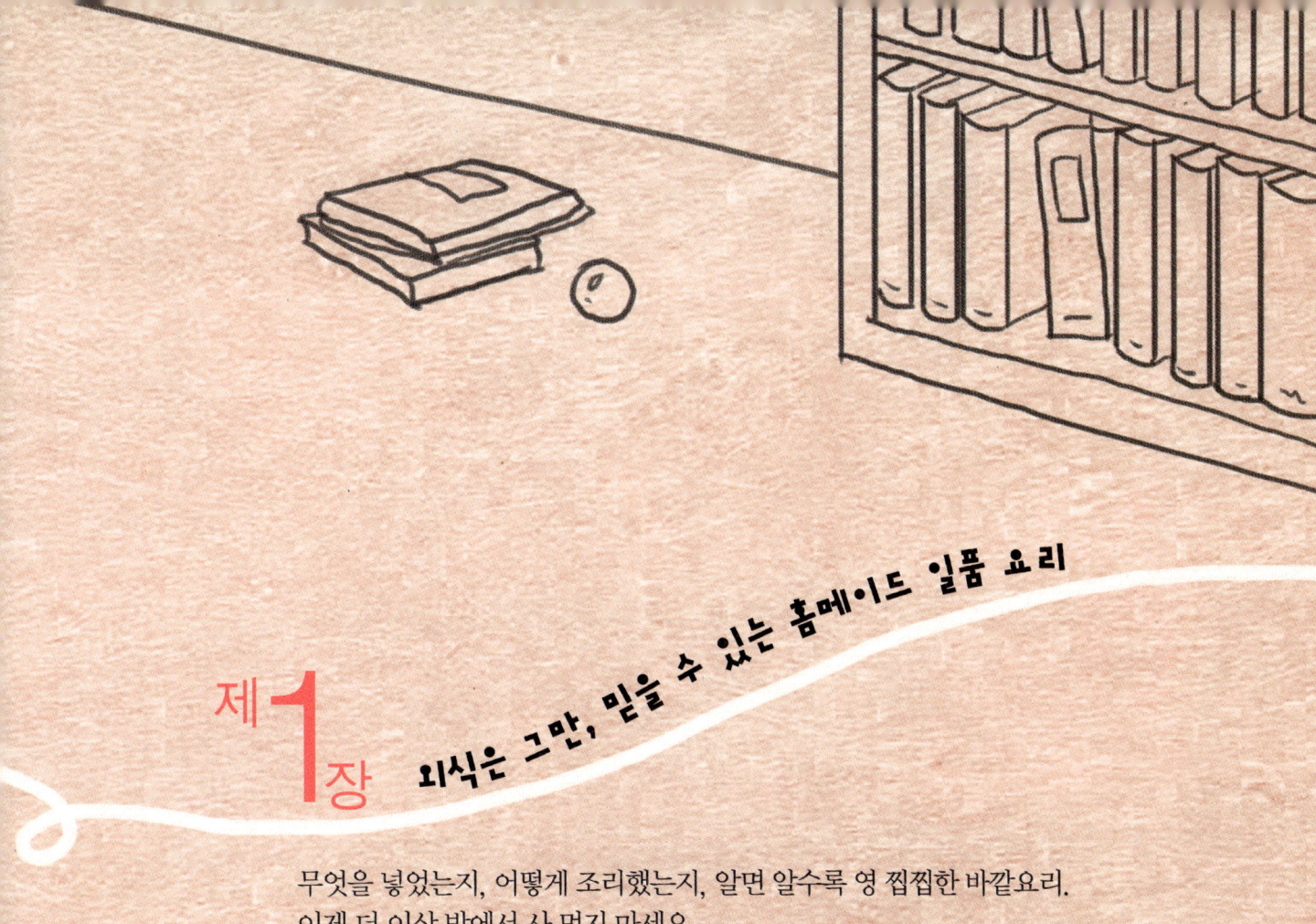

제1장 외식은 그만, 믿을 수 있는 홈메이드 일품 요리

무엇을 넣었는지, 어떻게 조리했는지, 알면 알수록 영 찝찝한 바깥요리.
이제 더 이상 밖에서 사 먹지 마세요.
집에서도 얼마든지 건강한 일품요리를 즐길 수 있답니다.

많이 먹어도 괜찮아요

채소듬뿍카레

느끼하고 부담스러운 카레는 이제 그만.
다양한 채소들과 맛있는 카레로 한 그릇 뚝딱 비울 준비, 되었나요?

재료(4인분)
마늘 1조각, 양파 50g(1/2개), 기름 1큰술, 사과 주스 1컵(200ml), 토마토 주스 1컵(200ml), 풋고추 1개, 말린 표고버섯 1개, 단호박 80g(4조각), 연근 60g(3cm), 당근 30g(1/8개), 우엉 40g(15cm)
[양념장] 카레 파우더 1작은술, 된장 1큰술, 소금 적당량, 간장 1큰술

마늘, 양파 다지기
마늘, 양파는 각각 잘게 다져요.

양파 볶기
냄비에 기름을 두르고 다진 마늘과 양파를 넣고 달콤한 냄새가 날 때까지 볶아요.

끓이기
사과 주스와 토마토 주스를 넣고 끓여요.

채소 손질하기
❸이 끓는 동안 채소를 손질해요. 풋고추는 잘게 다지고, 불린 표고버섯은 부채꼴 모양으로 자르고, 단호박은 2cm 두께로 잘라요. 연근, 당근, 우엉은 한입 크기로 마구썰기를 해요.

조리기
❸에 ❹의 채소를 넣고 조려요.

양념장 넣기
채소가 익으면 양념장을 넣어서 끈기가 생길 때까지 조리면 완성이에요.

완성!

★ Yuka's Health Tip
더운 나라, 인도의 전통음식인 카레는 여러 향신료 때문에 몸을 식히는 효과가 있어요. 그래서 여름철에 먹으면 몸이 시원해지죠. 추운 겨울에는 몸에 부담이 가니까 몸을 데워주는 근채류를 많이 넣고, 양념장에 된장, 간장을 사용하면 음양 밸런스를 맞출 수 있어요.

★ Yuka's Recipe Tip
매운맛을 살리고 싶을 때는 카레 파우더와 고추로 조절할 수 있어요. 매운맛을 완화시키고 싶을 때는 카레 파우더를 줄이고 단호박을 으깨서 넣어보세요. 토마토 캔 대신 완숙 토마토를 사용해도 좋고, 사과 주스 대신 귤 주스나 푸른 주스를 사용해도 맛있어요. 원액 주스를 사용하는 것이 포인트입니다.

★ 아이와 함께 해봐요~
인도의 대표 요리인 카레. 그러면 우리나라 대표 요리에는 무엇이 있을까? 비빔밥, 빈대떡, 불고기, 냉면 등이 있지. 다른 나라 대표 음식도 말해볼까. 음식을 통해 아이가 세상을 알게 되는 좋은 기회가 되겠죠!

방긋방긋 웃음꽃 가족
현미크로켓

맛도 모양도 내 아이가 가장 좋아하는 현미 크로켓.
빙그레 웃는 아이 얼굴처럼 보기만 해도 기분 좋아져요.

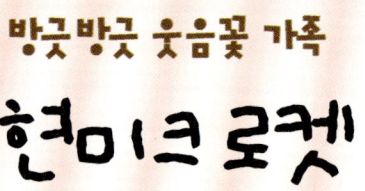

재료(4개분)
현미밥 300g, 대파(파란 부분) 10g, 통밀가루 적당량, 물 적당량, 빵가루 적당량

[소] 말린 표고버섯 30g(2~3개), 팽이버섯 20g, 대파(흰 부분) 30g, 올리브유 1작은술, 소금 약간, 생강 5g, 된장 1큰술, 발사믹식초 1작은술 튀김유 적당량

01 채소 다지기
불린 표고버섯과 팽이버섯, 대파, 생강은 잘게 다져요. 대파 뿌리 부분도 깨끗이 씻어서 잘게 다져 놓아요.

02 채소 볶기
팬에 올리브유를 두르고 표고버섯, 대파 순으로 볶아요. 소금을 약간 넣는 것도 잊지 마세요. 생강, 된장, 발사믹식초를 넣고 잘 섞어요.

03 현미밥 준비하기
현미밥에 다진 대파(파란 부분)를 넣고 섞어놓아요.

04 경단 만들기
❷를 경단 모양으로 만들어서 ❸으로 감싸요.

05 튀김옷 입히기
❹에 통밀가루를 씌운 후, 물에 녹인 통밀가루에 적셔서 빵가루를 입혀요.

06 튀기기
180도로 가열해놓은 기름에 고소하게 튀기면 완성이에요.

완성!

★ Yuka's Health Tip
아이들은 현미가 딱딱해서 싫어할 수 있어요. 그럴 때는 현미에 기름기가 들어가거나 보리, 버섯 등을 섞어서 '음성 에너지'를 더하면 먹기 좋아요. 발사믹식초는 구연산, 캐러멜 색소, 방부제 등이 안 들어간 포도과즙으로 만든 순한 것을 선택하세요.

★ Yuka's Recipe Tip
안에 들어가는 소는 따로 볶아서 쌈장처럼 먹어도 맛있어요. 소를 만들지 않고 대신 현미밥에 캔 옥수수를 섞어서 크로켓을 만들어도 좋아요. 남은 빵가루는 냉동실에 보관하면 나중에도 쓸 수 있어요.

★ 아이와 함께 해봐요~
소를 동글동글하게 만들고, 랩에 현미밥을 넓게 편 후, 그 위에 소를 얹고 랩으로 감싸면 잘 싸진답니다.

한입에 쏙~
오트밀연근소시지

무공해, 무첨가의 수제 소시지!
밀가루가 들어가지 않아 아토피 아이도 안심이에요.

당근케첩
[재료] 당근 300g(에 비스, 현미식초 1/2큰술, 소금 약간, 물, 비트 20g(3cm조각 2개), 참기름 1/2큰술, 양파 200g(1개), 양송이버섯 200g(15개), 간장 2큰술, 현미식초 3큰술, 소금 1과 1/2작은술

1 작게 나박썰기 한 당근과 다진 비트를 냄비에 넣어서 바특하게 물을 부어요.
  소금과 식초를 더해 익을 때까지 잘 조려요.
2 다진 양파와 얇게 자른 양송이버섯을 참기름을 두른 팬에 넣고 밤색이 될 때까지 잘 볶아요.
3 (1)에 (2)를 넣고 블렌더로 간 다음 다시 식초, 간장, 소금으로 간을 하고 5분 정도 조려요.

재료(4개분)
연근 200g(10cm), 당근 25g, 오트밀 2큰술, 소금 1/5작은술, 기름 약간, 당근 케첩 적당량

연근과 당근 갈기
연근을 먼저 갈고 당근을 강판으로 갈아요. 당근을 먼저 갈아두면 아스코르빈산 때문에 다른 재료의 비타민C가 파괴돼요.

재료 섞기
볼에 오트밀과 소금, ❶을 넣고 섞어요.

랩으로 덮어놓으면 훨씬 더 빨리 물기가 흡수돼요.

반죽 숙성시키기
오트밀이 물기를 흡수할 때까지 15분 정도 나둬요.

소시지 모양 만들기
❸을 4등분하고 랩으로 싸서 소시지 모양으로 만들어요.

소시지 찌기
❹를 찜통에 넣고 15분 정도 쪄요.

소시지 굽기
❺를 코팅된 팬에 고소하게 구워 케첩과 곁들여요. 이때 코팅팬을 쓰면 잘 들러붙지 않아서 좋아요.

완성!

★ Yuka's Health Tip
오트밀은 귀리를 가공한 곡물이에요. 씨눈 등이 그대로 들어 있어서 정제된 밀가루보다 식물섬유나 칼슘, 철분 등 비타민, 미네랄이 풍부해요. 특히 식물성섬유는 다른 곡물이나 채소에 비해 아주 많이 들어 있어서 깨끗한 장을 만들어줍니다.

★ Yuka's Recipe Tip
오트밀 대신 빵가루나 통밀가루를 사용해도 좋고 볶은 양파나 버섯을 넣어도 좋아요. 연근 즙이 너무 많이 생기면 살짝 짜거나 오트밀을 더 넣고 반죽 농도를 조절해보세요. 당근케첩 대신 좋아하는 소스를 찍어 먹어도 맛있어요.

★ 아이와 함께 해봐요~
채소를 강판으로 갈거나 반죽을 하거나 랩에 싸서 소시지 모양을 만드는 등의 모든 과정을 아이랑 재미있게 해볼 수 있어요!

마크로비오틱 옷을 입었어요
꼬까옷 오므라이스

오므라이스가 계란 옷을 벗었다? 상식의 틀을 깨고 마크로비오틱으로 단장한 꼬까옷 오므라이스, 맛이 깔끔한 엄마표 일품요리랍니다.

토마토 케첩
[재료] 양파 1/2컵(120g), 기름 1작은술, 사과 1개, 토마토 캔 1과1/2컵, 간장 1큰술, 소금 약간

1 다진 양파를 기름을 두른 팬에 볶아요.
2 강판으로 간 사과를 토마토캔과 같이 (1)에 넣고 블렌더로 갈아요.
3 다시 팬에 넣어 물기가 없어지도록 가열한 뒤 간장으로 간을 해요.

재료(1인분)
[계란] 두부(부침용) 75g(1/4모), 단호박 20g, 연근 15g, 찹쌀가루 1큰술, 유채꽃씨유 1작은술, 소금 약간, 기름 적당량
[볶음밥] 현미밥 120g, 새송이버섯 12g, 양파 12g(1/8개), 당근 7g, 기름 적당량, 소금 약간, 토마토케첩 3큰술(밑간용), 토마토케첩 적당량

두부와 단호박 준비하기
두부는 물기를 잘 빼두어요. 단호박은 강판에 갈고 껍질 부분은 남겨서 볶음밥 재료로 사용해요. 연근은 껍질째 강판으로 갈아요.

두부와 단호박 갈기
블렌더에 ❶과 나머지 [계란] 재료를 넣어서 크림 상태가 될 정도로 갈아요.

모양 만들기
오븐 시트에 기름을 두르고 ❷를 원형으로 만들어요. 오븐을 170도까지 예열시킨 후 13~15분간 구워요.

채소 다지기
새송이버섯, 양파, 당근, 단호박 껍질은 각각 다져놓아요.

볶음밥 만들기
팬에 기름을 두르고 ❹를 넣어 볶아요. 소금을 약간 넣고 현미밥도 넣어 볶다가 토마토케첩으로 간을 해요.

계란 얹기
접시에 볶음밥을 담아서 그 위에 ❸을 오븐 시트째 얹어요. 그 후 토마토케첩을 뿌리면 완성이에요.

완성!

★ Yuka's Health Tip
마크로비오틱에서는 계란 하나가 닭 한 마리에 해당하는 에너지를 갖고 있다고 말해요. 그만큼 계란은 어떤 경우에는 약이 될 수도 있고, 어떤 경우에는 몸에 큰 부담이 되기도 해요. 또 현대인들은 계란을 너무 많이 먹어요. 그때마다 닭고기 한 마리, 두 마리를 먹고 있는 것과 다름없지요. 그래도 계란을 먹어야 한다면 질과 양을 고려해서 유정란을 선택하세요.

★ Yuka's Recipe Tip
두부를 오븐 시트에 얇게 펼쳐서 구우면 두부 냄새가 없어져 냄새에 민감한 아이들도 잘 먹을 수 있어요. 구운 두부 반죽은 쿠키 틀을 사용해서 모양을 내면 보기에도 예쁘죠. 케첩으로 아이 이름이나 예쁜 모양을 그려주면 아이들이 매우 좋아해요. ❻의 과정에서 ❸을 밥 위에 얹을 때 오븐 시트를 통째로 가져와서 뒤집으면 뒷면이 위로 나와서 모양이 더 예뻐요.

★ 아이와 함께 해보아요~
블렌더를 사용하지 말고 비닐 봉투에 재료를 넣고 잘 비비면서 섞어보세요! 아이도 쉽게 따라 할 수 있어서 재미있어합니다.

다진 고기로 변신한 요술쟁이 수수

수수소스 스파게티

고기 아니면 안먹으려고 하는 아이, 비만이 걱정되신다면
고기와 식감이 비슷한 수수로 건강을 챙겨주세요.

재료(2인분)
스파게티 140g [채소 볶음] 마늘 1조각, 말린 표고버섯 2개, 샐러리 10g, 양파 25g, 연근 15g, 우엉 15g, 당근 10g, 풋고추 1/2개, 기름 1큰술, 물 1컵, 지은 수수 60g [소스 양념] 토마토 주스 3큰술, 된장 1과1/2큰술, 간장 1과1/2큰술, 조청 3큰술, 소금 적당량 [토핑] 샐러리 잎 약간

채소 다지기
마늘, 불린 표고버섯, 샐러리, 양파, 연근, 우엉, 당근을 모두 잘게 다져요. 풋고추는 비스듬히 잘라 놓고요.

채소 볶기
팬에 기름을 두르고 마늘을 먼저 볶다가 잘게 다진 채소를 넣고 볶아요.

소스 넣기
❷에 물을 붓고 소스 양념을 넣어 잘 섞어요.

[수수 짓기] 수수 1컵, 소금 1/4작은술, 물 1과 1/2컵

수수 넣고 끓이기
지어 놓은 수수를 넣고 끈적거릴 때까지 끓여요.

파스타 삶기
파스타를 삶아 체에 건져놓아요.

토핑하기
삶아 놓은 파스타에 ❹의 소스를 뿌리고 샐러리 잎으로 토핑하면 완성이에요.

완성!

★ Yuka's Health Tip

수수는 'meat millet(고기 곡물)'로 불려요. 곡물 중에서 칼로리가 가장 낮고, 폴리페놀, 식물섬유, 비타민A, B1, 철분, 칼슘, 칼륨, 단백질, 마그네슘 등이 듬뿍 들어 있어요. 혈액을 보슬보슬하게 해주는 루틴도 많아서 고혈압이나 동맥경화 예방, 아토피 개선에 도움을 주는 곡물이에요.

★ Yuka's Recipe Tip

지은 수수는 냉동보관이 가능하고, 고기 대신 햄버그나 볶음밥, 크로켓 등 여러 요리에서 활용할 수 있어요! 만들어놓은 수수 소스는 스파게티뿐 아니라 밥에 얹어서 비빔밥처럼 먹어도 아주 별미예요.

《 수수를 짓는 방법 》
1. 수수는 깨끗이 씻어서 냄비에 담고 분량의 물과 소금을 넣어요.
2. 뚜껑을 덮고 센 불로 가열해요. 끓으면 약한 불로 줄이고 30분간 더 가열한 후 15분간 뜸을 들여요.
*압력솥을 이용할 때는 내열용기에 수수와 동량의 물, 소금을 넣고 중탕으로 10분간 가열해요.

식어도 딱딱하지 않은 치즈
기장치즈를 얹은 간단피자

고열량, 자극적인 맛의 피자는 가라!
담백한 기장치즈를 얹어 칼로리를 낮춘 이색 피자랍니다.

재료(2인분)
[피자 도우] 통밀가루 1컵, 두유(또는 물) 75㎖(5큰술), 소금 약간, 기름 1큰술 [기장치즈] 지은 기장 1/2컵, 두유 1/2컵, 소금 2/3작은술, 장마 50g, 현미식초 1작은술, 소금 약간 [우엉볶음] 우엉 50g, 팽이버섯 15g, 기름 약간, 간장 1/2큰술, 현미식초 1/2작은술 [토핑] 토마토케첩 3큰술, 파슬리 약간

피자 도우 만들기
두유, 소금, 오일을 섞어두세요. 볼에 통밀가루를 넣고 섞어둔 재료를 한꺼번에 넣어 윤기가 생길 때까지 반죽해요. 시간이 있다면 비닐봉투에 넣어서 냉장고에서 15분 정도 놔둬요. 탄성이 생겨서 반죽이 잘 되거든요.

마 갈기
지어 놓은 기장과 두유, 강판으로 갈아놓은 마를 넣고 블렌더로 갈아요. 현미식초, 소금으로 간을 해요. 기장치즈를 만들어 그대로 놔두면 기장이 수분을 흡수해서 농도가 진해져버리니까 사용 직전에 두유와 마를 넣어 농도를 조절해요.

우엉과 팽이버섯 자르기
우엉은 연필을 깎듯이 얇게 썰어요. 팽이버섯은 3cm 길이로 자르고 찢어 두어요.

우엉과 팽이버섯 볶기
팬에 기름을 두르고 우엉, 팽이버섯을 볶아요. 간장, 식초로 간을 해요.

피자 도우 완성
이제 피자를 완성해볼까요. ❶의 반죽을 두께 2mm 정도로 밀고 부풀어오르지 않게 도우 군데군데를 포크로 찍어요. 생선그릴에 한 면을 2분씩 돌려가며 노릇노릇하게 구워요.

토핑하기
구운 피자 도우에 토마토케첩을 바르고 기장치즈를 얹고 우엉볶음, 다진 파슬리로 토핑하면 완성이에요.

★ Yuka's Health Tip
기장에는 식물섬유, 칼슘, 마그네슘, 철분, 아연이 들어 있어요. 또 곡물이나 콩류에 부족한 메티오닌이 풍부하고, 위산 분비를 막고 점막의 신진대사를 활발하게 해서 궤양 치유에 효과가 있어요. 특히 아연은 건강한 피부를 만드는 데 중요한 역할을 하는데, 피부 트러블이 있을 경우에 효과를 기대할 수 있어요.

★ Yuka's Recipe Tip

《기장 짓는 법》
[재료] 기장 1컵, 물 1과1/2컵, 소금 1/4작은술
기장을 짓는 법을 알려드릴게요. 냄비에 기장, 물, 소금을 넣고 끓으면 뚜껑을 덮고 아주 약한 불로 15분간 지어요. 그 후 10분간 뜸을 들이면 돼요. 기장의 떫은맛이 강하게 느껴질 때는 소금을 넣거나 아예 처음부터 한번 볶아서 사용하면 괜찮아요.

★ 아이와 함께 해보요~
양파, 피망, 토마토, 옥수수 등등 다양한 토핑 재료를 준비해서 아이와 함께 피자를 만들어 보세요. 반죽을 하거나 도우를 밀대로 미는 것을 아이들에게하게끔 하면 신나 하겠죠.

부담을 쏙뺀 중화요리

언두부탕수육

탕수육은 언제 어디서나 사랑받는 음식이죠.
새콤달콤 아이 입맛 사로잡는 언두부 탕수육으로 우리집 인기 요리사가 돼보세요.

재료(2인분)
언두부 1/2모, 감자전분 1과1/2큰술, 튀김유 적당량, 양파 50g(1/4개), 피망 50g, 말린 표고버섯 1개, 당근 25g
[절임장] 생강 1/2조각, 마늘 1/2조각, 간장 1/2큰술, 물 1/2컵
[양념장] 물 1/4컵, 간장 2큰술, 조청 2큰술, 현미식초 2작은술, 감자전분 2작은술

01 언두부 담가두기
생강과 마늘은 갈아서 절임장을 만들고, 언두부는 물기를 빼고 한입 크기로 잘라 절임장에 담가두어요.

02 채소 자르기
양파, 피망도 한입 크기로 자르고, 불린 표고버섯은 너비 1cm의 부채꼴로 자르고, 기둥 부분은 찢어놓아요. 당근은 마구썰기 해놓고요.

03 양념장 만들기
[양념장] 재료를 잘 섞어 양념장을 만들어요.

04 튀기기
❶에 감자전분을 묻히고 180도로 가열한 기름에 넣고 튀겨요. 당근은 잘 안 익으니까 튀김옷 없이 그냥 튀겨요.

05 채소 볶기
팬에 튀겨놓은 당근과 남은 채소를 모두 넣고 볶아요.

06 양념장 넣고 볶기
❺에 ❹에서 튀긴 언두부를 넣고 양념장을 넣어서 약간 끈기가 생길 때까지 볶으면 완성이에요.

완성!

★ Yuka's Health Tip
당근은 베타카로틴이 많이 들어 있는 녹황색 채소예요. 베타카로틴은 체내에서 비타민A로 바뀌는데, 발육을 촉진하고 면역력을 높여주어 감기 예방에 아주 효과적이에요. 피부나 점막을 건강하게 유지해주거나, 피부가 건조해지는 것을 막아주기도 해요. 그 베타카로틴은 지용성 비타민이라 기름과 함께 섭취하면 더 흡수가 잘 돼요.

★ Yuka's Recipe Tip

《언두부 만들기》
두부를 팩 그대로 냉동시켜도 되는데, 물기를 빼고 행주에 싸서 냉동시키면 두부가 갈라지지 않아요.

★ 아이와 함께 해봐요~
아이와 함께 음식의 색에 대해 이야기해보세요. "빨간색 채소에는 어떤 친구가 있을까? 녹색 친구는? 겉과 속 색이 다른 채소도 많아. 단호박, 오이, 우엉, 고구마처럼." "특히 색이 진한 채소는 녹황색채소라고 해서 병에 걸리지 않게 하는 성분이나 눈이나 피부, 성장을 도와주는 비타민A가 풍부해" 등의 이야기도 해주면 아이의 편식도 고칠 수 있어요.

두부야 두부야 어디어디 숨었니
스크램블 두부샌드위치

샌드위치에 계란 대신 두부를 넣으면
맛도 잘 어울리고 손쉽게 가족 건강을 챙길 수 있답니다.

재료(4개분)
[스크램블 두부] 두부 1/2모, 기름 2작은술, 소금 약간, 강황 약간, 파슬리 약간
[샌드위치 빵] 모닝 빵 4개, 토마토케첩 2큰술, 상추 4장

두부 물기 빼두기
두부는 물기를 잘 빼두어요. 파슬리는 다져놓고요.

두부 볶기
팬에 기름을 두르고, 두부를 으깨면서 볶아요.

강황 넣기
강황을 넣으면 노란색을 띄게 되어 정말 계란처럼 느껴져요. 소금으로 간을 하고 다진 파슬리를 섞어요.

샌드위치 만들기
모닝 빵은 소를 넣을 수 있게 반으로 잘라요. 빵 아랫부분에 상추를 깔고 ❸을 넣은 후 케첩을 뿌리면 맛있는 샌드위치가 되지요.

완성!

★ Yuka's Health Tip

가끔 질이 좋은 빵을 아이에게 먹이는 것도 좋아요. 먹을 때는 오븐에서 오랜 시간 구워낸 빵을 다시 토스터로 굽는 것보다 찜통에서 뚜껑을 덮지 않고 찌는 방법으로 데우는 것을 권해요. 빵이 부드러워져 몸에도 부드럽기 때문이죠. 빵은 쇼트닝이나 첨가물이 들어가지 않은 순한 재료로 만든 것이 좋아요.

★ Yuka's Recipe Tip

두부에 물기가 많은 경우에는 나중에 수분이 나와버려요. 팬에서 잘 볶아서 수분을 없애는 것이 포인트입니다. 강황을 사용해서 색을 내면 간편하지만 쪄서 으깬 단호박이나 잘게 다진 옥수수를 섞어서 색을 내면 더욱 몸에 좋아요.

★ 아이와 함께 해봐요~

스크램블 두부에 두부마요네즈를 넣고 아이 혼자서 스크램블 두부를 좋아하는 만큼 빵에 넣게 해보세요. 삶은 당근, 얇게 썬 오이 등도 준비해서 마음대로 샌드위치를 만들어보게 하는 거예요.

두부를 얼리면 어떤 맛이 날까
언두부 돈까스

두부를 얼리면 특유의 쫄깃한 식감이 살아나
살코기를 씹을 때와 비슷한 느낌을 얻을 수 있답니다.

돈까스 소스
[재료] 무 80g, 양파 50g, 사과 1/4개, 간장 1/3컵, 조청 1/4컵

1 무, 양파, 사과를 강판으로 갈고 냄비에 넣어 볶아요.
2 간장과 조청을 더하고 같이 조려요.

재료(2인분)
언두부 1모, 생강 1조각, 마늘 1조각, 물 1컵, 간장 1큰술, 통밀가루 적당량, 빵가루 적당량, 튀김유 적당량, 돈까스 소스

언두부 조리기
냄비에 생강과 마늘을 갈아 넣고, 물과 간장, 물기를 짠 언두부를 넣고 물기가 없어질 때까지 조려요.

돈까스 모양 만들기
❶을 돈까스 모양으로 만들어 놓아요. 두부의 각진 부분을 손으로 떼어서 동그랗게 만들어요.

튀김옷 입히기
❷에 통밀가루를 씌운 후 물에 녹인 통밀가루에 적셔서 빵가루를 입혀요.

튀기기
180도까지 가열한 기름에 튀긴 후, 너비 2cm로 자르고 돈까스 소스를 뿌려요.

완성!

★ Yuka's Health Tip
마크로비오틱에서는 건강할 때 생채소를 먹거든요. 그래서 돈까스 같은 튀김요리에 생채소를 곁들이는데 함께 먹으면 소화가 잘 돼요. 특히 양배추에 풍부한 비타민C는 단백질 소화를 잘 시켜서 고기 요리에 곁들여 먹는 경우가 많아요.

★ Yuka's Recipe Tip
두부를 해동시킨 후 물기를 빼고 대신 양념이 배게 해요. 급할 때는 ❶ 과정 없이 스펀지에 수분을 흡수시키듯 간을 해도 돼요.

★ 아이와 함께 해봐요~
모양을 만들 때 찢은 두부 자투리는 버리나요? 버리지 말고 다진 고기처럼 볶거나 섞어서 다른 요리에 사용해보세요! 이것으로 '타코라이스'를 만들어도 맛있어요. 버리는 게 없는 것이 마크로비오틱의 매력이죠. 음식 쓰레기는 결국 환경오염의 원인이 되거든요. 우리 아이들이 오래오래 아름다운 지구에 살 수 있도록 엄마, 아빠부터 에코를 실천해요!

버섯이랑 고사리에서 고기 맛이 나요
버섯고사리햄버그

소고기, 돼지고기와는 다른 마크로비오틱 버전 버섯 햄버그의 매력에 풍덩 빠져보세요.
버섯과 고사리의 쫄깃한 식감이 식욕을 자극합니다.

재료(2개분)
새송이버섯, 팽이버섯, 느타리버섯, 양송이버섯 모두 합쳐서 200g, 고사리(삶은 것) 50g, 기름 1큰술
[반죽] 빵가루 3큰술, 통밀가루 3큰술, 소금 약간, 간장 1작은술, 된장 1/2큰술, 너트메그 가루 약간
[소스] 간장 1큰술, 조청 1큰술

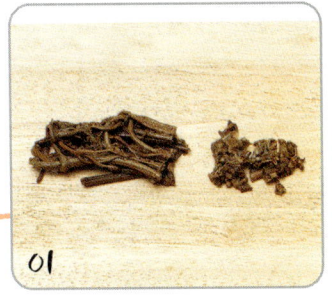

고사리 다지기
고사리는 한번 삶거나 물로 헹궈서 냄새를 없애고 잘게 다져요.

버섯 숙성시키기
4가지 버섯은 손으로 대충 찢어서 비닐봉투에 넣어 놓아요.

버섯 두드리기
버섯 모양이 부스러지고 물기가 생기도록 공이로 두드려요. 그렇게 하면 버섯이 쫄깃쫄깃해져서 식감이 좋아져요.

반죽하기
❸에 다진 고사리와 반죽 재료를 넣고 잘 섞어요.

모양 만들기
❹를 햄버그 모양으로 만들어요.

햄버그 굽기
기름을 두른 팬에 양면이 고루 익게 구워요. 같은 팬에 간장과 조청을 넣고 끓여서 소스를 만들어 햄버그에 뿌리면 완성이에요.

완성!

★ Yuka's Health Tip
고사리는 한번 건조시키면 칼륨이나 철분, 비타민A가 10배 이상 늘어나서 영양가가 높아져요. 특히 많이 들어 있는 비타민B2는 발육을 촉진시키고 식욕을 높이는 효능이 있어요. 비타민E도 많이 들어 있어 뼈를 튼튼하게 해주므로 성장기 아이에게 좋아요.

★ Yuka's Recipe Tip
버섯 냄새에 민감한 아이들을 위해서는 잘 볶아서 간장으로 밑간을 한 후 반죽 재료와 합쳐보세요. 버섯은 가열하면 냄새가 덜 나거든요. 또 반죽으로 그대로 튀겨도 맛있어요.

★ 아이와 함께 해봐요~
버섯을 찢어서 공이로 찧는 과정이나 모양을 만드는 과정을 아이와 함께 해보세요!

제2장 매일 먹는 건강의 즐거움, 마크로비오틱 건강 반찬

우리 집 식탁의 숨은 공신, 효자 반찬들 모두 모여라!
만들기도 쉽고 응용하기도 편하답니다.
먹을수록 차곡차곡 쌓이는 건강,
마크로비오틱 건강 반찬으로 시작하세요.

데구르르 굴러서 입안으로 슛!골인~

양배추볼

입안으로 슛~ 골인! 축구 놀이를 유도하며 재미있는 식사시간을 즐겨요.

재료(5개분)
양배추 110g, 양파 30g, 소금 약간, 새싹채소 약간
[과일 드레싱] 블루베리 잼 2작은술, 간장 1작은술, 현미식초 1작은술

01
채소 썰기
양배추는 채 썰고 양파도 가늘게 썰어요.

02
찜통에 찌기
❶에 소금을 뿌리고 김이 올라오는 찜통에 넣고 쪄요.

03
볼 모양 만들기
❷를 섞어서 물기를 뺀 후 랩으로 싸서 작은 공 모양으로 만들어요.

04
과일 드레싱 얹기
과일 드레싱을 만들어요. ❸에 새싹채소를 얹고 과일 드레싱을 얹어서 먹거나 찍어 먹어요.

완성!

★ Yuka's Health Tip

블루베리에 들어 있는 안토시안은 눈의 피로, 시력회복에 효과가 있는 것으로 잘 알려져 있죠. 또 혈액순환에 좋은 비타민E도 풍부해요. 잼을 구입할 때는 설탕이 들어가지 않은 것으로 사세요. 체내에서 설탕을 대사할 때 칼슘이나 바타민B 등 성장, 발육에 중요한 영양성분을 함께 소비해서 우리 몸에 손해거든요.

★ Yuka's Recipe Tip

양파 대신 채 썬 무, 오이, 당근 등을 넣어도 좋아요. 블루베리 잼이 간장 색과 어울리기는 하지만 복숭아 잼, 딸기 잼도 맛있어요.

★ 아이와 함께 해봐요~

아이와 함께 찐 양배추를 랩으로 싸서 모양을 만들어 보세요!

돌돌말아 먹나요? 살살 섞어 먹나요?
스파게티 샐러드

"엄마, 이건 어떻게 먹는 거야?" 신기해 하는 우리 아이.
스파게티에 대한 편견을 깨고 스파게티 샐러드를 만들어보세요.

재료(4인분)
양파 50g(1/4개), 당근 15g, 양배추 50g(1장), 소금 약간, 두부마요네즈소스 4큰술
[스파게티] 통밀 스파게티 60g, 올리브유 약간, 소금 약간
[두부마요네즈소스] 두부(부침용) 180g(1/2모), 레몬즙 1큰술, 유채꽃씨유 1큰술, 조청 1큰술, 후추 약간, 소금 1/2작은술, 레몬껍질 1/4개

두부마요네즈소스 만들기
두부는 물기를 빼고 소스 재료와 함께 모두 넣고 블렌더로 갈아놓아요.

스파게티 삶기
물을 끓이고 올리브유, 소금을 넣고 스파게티를 반으로 잘라 넣고 삶아요.

면 물기 빼두기
삶은 스파게티는 차가운 물에 잠시 담가 놓아요.

채소 썰기
양파, 당근, 양배추는 모두 채 썰고 소금을 약간 뿌려두어요.

채소 데치기
④의 채소를 체에 받고 ②의 스파게티 삶은 물을 부어요.

소스와 면 섞기
③의 물기를 빼고 ⑤를 합쳐서 두부마요네즈소스를 넣고 잘 섞어요. 소금, 후추로 마무리해요.

완성!

★ Yuka's Health Tip

마크로비오틱 원칙 중에 일물전체가 있어요. 식품을 되도록 통째로 먹자는 것인데요. 스파게티도 백밀가루를 사용한 일반 스파게티보다 통밀가루를 사용한 통밀 스파게티가 이 원칙에 맞아요. 통밀 스파게티는 백밀 스파게티에 비해서 식물섬유도 풍부하고 영양 대사나 성장에 필요한 비타민B군이 많이 들어 있어요.

★ Yuka's Recipe Tip

스파게티는 삶은 후 냉수에 담가서 놔두면 면이 붙지 않아요. 두부마요네즈의 크리미함은 기름 분량으로 조절할 수 있어요. 레몬즙 대신 현미식초를, 레몬 껍질 대신 생강을 사용해서 만들어도 맛있어요.

★ 아이와 함께 해봐요~

삶은 스파게티와 채소가 준비되면 나머지는 아이한테 맡겨 볼까요? 볼 속에서 빙글빙글 비비면서 혼자 신나게 완성하게끔.

내 주머니엔 뭐가 들어 있을까?

유부주머니조림

유부주머니에 각기 다른 재료를 넣으면
먹을 때마다 기대감과 놀라움이 더해져 즐거운 식탁이 될 거예요.

재료(6개분)
유부 6장, 알배기 배추 130g(1/4개), 소금 1/4작은술, 표고버섯 1/2개, 간장 1/2작은술, 당근 30g, 참기름 1/2작은술, 통밀 스파게티 2개, 근대 3장
[조림액] 물 1컵, 다시마 3×3cm 한 조각, 간장 1큰술

유부 주머니 만들기
유부는 끓는 물에 데쳐 기름기를 뺀 후 유부 옆을 터서 주머니를 만들어놓아요.

배추 썰기
알배기 배추는 채 썰고 소금을 뿌려둬요.

표고버섯 썰어 무치기
표고버섯은 가늘게 썰고 간장으로 무쳐요.

당근 모양 만들기
당근은 1cm 두께로 잘라 모양 틀을 사용해서 꽃무늬를 만들어요. 남은 부분은 다져서 ❷에 섞어놓아요.

주머니 속 채우기
❷의 물기를 짜고 ❸과 합친 후 참기름으로 무쳐서 유부 주머니 속에 넣어요.

스파게티면하나를 3등분해서 바느질하면 안끊어지고 잘돼요.

주머니 봉합하기
스파게티로 유부 주머니 입구를 바느질 하듯이 봉합하고 조림액으로 조리면 완성이에요. 살짝 데친 근대를 곁들이면 더 좋아요.

완성!

★ Yuka's Health Tip
유부는 물기를 뺀 두부를 튀겨서 만든 식품이에요. 여러 가지 영양 성분이 응축되어 있는데, 뼈를 만들어주는 칼슘, 정상적인 미각을 키우고 성장, 면역력을 높여주는 아연이 많이 들어 있어요. 유부를 먹을 때는 기름기를 분해하는 효소가 들어 있는 버섯과 요리를 하면 비만 예방에도 효과적이에요.

★ Yuka's Recipe Tip
유부로 주머니를 만들 때는 밀대로 밀면 쉽게 만들 수 있어요. 주머니 입구를 묶을 때는 이쑤시개가 아니라 스파게티를 사용하면 조리하면서 익혀져 그대로 먹을 수 있어요.
❷의 과정에서 잎 부분과 줄기 부분을 따로 손질하면 재료의 에너지를 더욱 살릴 수 있어요.

★ 아이와 함께 해봐요~
아이에게 주머니 속에 소를 넣는 과정이나 스파게티로 주머니 입구를 바느질하는 과정을 도전해보게해주세요.

긴 머리 하얀 얼굴, 쪽파!
쪽파뿌리전

쪽파는 익었을 때 단맛이 나요. 노릇노릇 구워 매운맛을 없애면 향긋한 내음이
기분 좋은 쪽파뿌리전이 탄생한답니다.

재료(4인분)
쪽파 70g, 팽이버섯 50g, 기름 적당량
[반죽 재료] 통밀가루 60g(1/2컵), 냉수 1컵, 흰 깨소금 2큰술
[소스] 된장 1/2큰술, 두유 2큰술, 조청 2큰술, 식초 2작은술

쪽파, 팽이버섯 자르기
쪽파는 뿌리째 깨끗이 씻고 4cm 길이로 자르고 뿌리는 다져요. 팽이버섯은 꼭지 부분만 잘라버리고 3등분으로 잘라요.

반죽 만들기
볼에 반죽 재료를 모두 넣고 잘 섞어요.

전 굽기
팬에 기름을 두르고 쪽파와 팽이버섯을 가지런히 펼쳐놓고 그 위에 ❷의 반죽을 붓고 양면이 노릇노릇해지게 구워요.

소스 만들기
양념절구에 소스 재료를 모두 넣고 잘 섞어서 ❸에 곁들이면 완성이에요

완성!

★ Yuka's Health Tip
쪽파에는 감기 예방 등 면역력을 강화시키는 베타카로틴, 피부에 좋고 단백질 대사에 필요한 비타민C, 변비를 개선하는 식물섬유, 염분을 배출시키는 칼륨, 빈혈을 예방하는 철분 등의 영양소가 풍부하게 들어 있어요.

★ Yuka's Recipe Tip
반죽을 만들 때 냉수를 사용하면 끈기가 생기지 않아 더욱 바삭바삭하게 구울 수 있어요. 한번 굽고 다시 구우면 더욱 바삭바삭해져요. 소스는 데친 채소에 뿌려 먹어도 잘 어울리고 드레싱처럼 활용할 수도 있어요.

★ 아이와 함께 해봐요~
전에 들어간 쪽파 뿌리를 보고 아이가 "엄마~! 이상한 게 들어 있어~" 한다면 이렇게 말해보세요! "내 몸에 이상한 부분이 없는 것처럼 음식물에도 그런 곳은 없어. 영양분을 쑥쑥 빨아먹는 뿌리 부분을 먹으면 너도 쑥쑥 자랄 거야." 쪽파 뿌리 부분을 물에 적셔 아이가 키워보게 해보세요. 새로운 새싹이 나오면 엄마 말이 정말 맞다는 걸 스스로 알게 될 거예요.

고소한 근대 왕국~ 열려라, 참깨!
근대참깨무침

우리 집의 효자반찬 근대참깨무침.
깨는 볶아 놓으면 산화되므로 바로 볶아 사용하는 게 가장 좋아요.

재료(4인분)
근대 250g(한 묶음), 당근 20g
[양념] 참깨 2큰술, 간장 1과1/2큰술

당근 채 썰기
당근은 비스듬히 얇게 썬 다음 세로로 가늘게 잘라요.

근대와 당근 데치기
끓는 물에 소금을 넣고 채 썬 당근을 먼저 데친 후에 근대를 넣고 뚜껑을 덮어 익혀요.

체에 밭기
당근은 체로 밭아 그대로 식히고, 근대는 물로 헹궈서 식혀요.

양념 만들기
양념절구에 참깨를 갈고 간장과 섞어요.

근대 자르기
데친 근대의 물기를 빼고 3cm 길이로 잘라요.

무치기
근대와 당근을 함께 넣고 ❹의 양념으로 무쳐요.

완성!

★ Yuka's Health Tip

근대에는 철분과 눈에 좋은 루틴 성분이 들어 있어요. 칼슘의 흡수를 도와주는 마그네슘도 들어 있어서 칼슘이 많은 참깨와 같이 먹으면 뼈가 단단해져요. 다만 생것이라면 칼슘의 흡수를 막는 수산도 들어 있기 때문에 데쳐서 물에 헹궈 드세요.

★ Yuka's Recipe Tip

마크로비오틱에서는 데치거나 삶은 채소를 체에 밭친 후 그대로 식혀서 사용하길 권해요. 채소의 영양분과 고유의 에너지를 보존하기 위해서요. 단, 근대나 봄나물처럼 냄새나 색소가 강한 채소는 일부 헹궈서 사용하기도 해요. 특히 근대는 삶아서 놔두면 색이 변하니 먹을 만큼만 삶아서 사용하세요. 근대 대신 참나물, 쑥갓, 청경채, 오이, 배추, 얼가리 등을 사용해도 맛있어요.

★ 아이와 함께 해봐요~

채소 손질하는 사이에 아이에게 양념절구로 깨를 갈아달라고 부탁해 보세요. 무침에 사용하는 깨소금은 갈면서 기름기가 생겨도 괜찮으니까요.

처음 보는 반찬, 익숙한 맛
유부알배기볶음

편식하는 아이들의 대부분은 처음 보는 요리에 흥미보다는 두려움을 느끼는 경우가 많아요.
전혀 다른 재료가 섞여 익숙한 맛이 나는 반찬으로 편식 습관을 고쳐주세요.

재료(4인분)
알배기 배추 200g(2포기), 유부 4장, 된장 2큰술, 물 1큰술

알배기 배추 자르기
알배기 배추를 잎과 줄기를 각각 한입 크기로 잘라요. 유부는 끓는 물로 데쳐서 기름기를 뺀 후 물기를 짜서 5mm 두께로 잘라요.

유부와 배추 볶기
유부를 기름 없이 볶고, 그 후 알배기를 넣어서 볶아요.

된장과 물 갈기
양념절구에 된장과 물을 넣고 갈아요.

배추와 양념장 섞기
❸을 ❷에 넣고 볶아요.

완성!

★ Yuka's Health Tip

얼가리는 배추 종류의 하나로 늦가을이나 초겨울에 심어 가꾸는 겨울 제철 채소예요. 얼가리, 유부, 된장에는 성장기 아이의 뼈와 치아를 단단하게 만들어주는 칼슘이 들어 있어요. 또 유부에는 근육을 만들어주는 단백질이 들어 있어서 아이들에게 더 없이 좋은 반찬이죠.

★ Yuka's Recipe Tip

유부의 기름기를 이용해서 볶으면, 따로 기름을 넣지 않아도 돼요. 된장은 섞기 쉽게 절구로 갈아서 넣으세요. 얼가리 대신 배추, 양배추, 양상추 등 잎 부분을 주로 먹는 채소를 넣어도 맛있어요.

★ 아이와 함께 해봐요~

된장을 양념절구에 가는 과정이나 부드러운 얼가리 잎을 가위로 자르는 과정을 아이와 함께 해보세요.

잠자리 날개처럼 투명해
월남쌈

투명한 라이스페이퍼는 아이들의 호기심을 자극하기 좋은 재료죠.
라이스페이퍼 안에 몸에 좋은 채소를 넣어주면 거부감 없이 잘 먹는답니다.

재료(8개분)
숙주나물 300g, 당근 20g, 소금 약간, 미역(건조) 1g, 라이스페이퍼 8장
[양념] 참깨 1큰술, 양파 50g(4/1개), 된장 1큰술

당근 채 썰기
당근은 비스듬히 얇게 썬 다음 세로로 가늘게 잘라요.

채소 데치기
끓는 물에 소금을 넣고 당근과 숙주나물을 각각 데쳐요. 물로 헹구지 말고 체에 받친 채 그대로 식혀요.

미역과 채소 섞기
미역은 물에 불려서 한입 크기로 잘라요. 물기를 빼고 ❷와 같이 합쳐서 섞어요.

양념 만들기
양념절구에 참깨를 먼저 갈고 나중에 다진 양파를 넣어 같이 갈아요. 양파 모양이 없어지면 된장을 넣고 갈아요.

라이스페이퍼 준비
라이스페이퍼를 따뜻한 물에 한 장씩 넣고 잠시 담근 후 꺼내요.

모양 만들기
라이스페이퍼 중앙에 ❸을 담고 ❹의 양념을 얹은 후 아무지게 말아주세요.

완성!

★ **Yuka's Health Tip**

마크로비오틱에서는 하루에 전체 섭취량 중에서 50~60%의 곡물 섭취를 권해요. 가공되지 않은 곡물 중심으로 면이나 스파게티, 빵 등을 먹기도 하는데요. 쌀이 주원료인 라이스페이퍼도 곡물 식품이므로 부담 없이 섭취할 수 있어 좋습니다. 밀가루 식품보다 소화가 잘 되서 좋아요.

★ **Yuka's Recipe Tip**

소스와 같이 싸기 때문에 약간의 수분이 생깁니다. 꽉 싸는 것이 보기에도 먹기도 좋아요.

★ **아이와 함께 해보아요~**

월남쌈을 아이와 같이 쌀 때는 라이스페이퍼를 뜨거운 물에 적시지 말고 생수를 사용해보세요. 싸기도 편하고 먹을 때도 부드러워요.

아이, 달콤해~
버섯양파조림

양파와 버섯을 함께 오래 오래 조려주면
양파의 단맛을 충분히 즐기면서 좋은 영양소를 섭취할 수 있어요.

재료(4인분)
양파 1개, 느타리버섯 50g, 참기름 1/2큰술, 소금 1작은술, 검은깨 약간

양파와 느타리버섯 자르기
양파는 세로로 얇게 썰어요. 이렇게 하면 세포파괴가 적고 동일한 모양으로 만들 수 있어요. 느타리버섯은 손으로 찢어요.

느타리버섯과 양파 볶기
팬에 참기름을 두르고 느타리버섯을 먼저 볶은 후 양파를 넣고 볶아요.

양파 찌기
양파가 투명해지면 소금을 뿌리고 뚜껑을 덮어 아주 약한 불로 쪄요.

검은깨 뿌리기
검은깨를 뿌리면 영양 균형도 맞고 먹음직스런 양파조림 완성이에요.

완성!

★ Yuka's Health Tip

양파는 당분이 많은 채소예요. 대부분의 당분이 열원으로 활용되어 피로해소에 도움이 되죠. 또 마크로비오틱에서는 오미(五味) 중 사람에게 가장 필요한 맛은 단맛이라고 하는데, 특히 양파는 질이 좋은 단맛을 내서 건강에도 좋아요. 실제로 과거에 섭취한 설탕 등 몸에 좋지 않은 당분을 대사시켜서 산성화된 몸을 알칼리성으로 만들어주기도 해요.

★ Yuka's Recipe Tip

❷번에서 잘 볶아서 ❸번에서 천천히 가열하는 과정에서 양파의 단맛이 우러나와요. 소금도 단맛을 끌어내는 양념이죠. 버섯에 풍부하게 들어있는 칼륨이 과도한 염분을 배출시켜주므로 소금에 대한 부분은 안심해도 돼요.

★ 아이와 함께 해봐요~

요리를 통해 오감, 즉 미각, 시각, 청각, 촉각, 후각을 경험할 수 있어요. 생양파의 냄새, 볶은 후의 양파 냄새, 요리로 완성된 후의 양파 냄새가 어떻게 달라지는지 천천히 요리를 하면서 아이와 함께 느껴보세요.

2장- 매일 먹는 건강의 즐거움, 마크로비오틱 건강 반찬

초록이랑 검둥이랑
양배추 김무침

김은 어떤 요리에나 잘 어울리는 만능 식재료입니다.
양배추 김무침, 어렵지 않게 마크로비오틱을 접할 기회가 될 겁니다.

재료(4인분)
양배추 400g, 당근 15g(슬라이스 2장), 소금 약간, 김밥용 김 1/2장,
간장 2작은술

양배추와 당근 자르기
양배추 잎 부분은 한입 크기로 찢고 줄기 부분은 얇게 썰어요. 당근은 채 썰어요.

양배추와 당근 찌기
양배추와 당근에 각각 소금을 뿌려두고 찜통에 쪄요.

김 굽기
김은 직화로 양면을 살짝 구운 후 손으로 잘게 찢어요.

무치기
❷의 물기를 짜고 김을 섞어서 무치면서 간장으로 간을 해요.

★ Yuka's Health Tip

김에는 베타카로틴이 아주 풍부해서 피부나 점막을 건강하게 만들어요. 양배추에 들어 있는 비타민C는 면역력을 높여주어 피로를 느끼지 않는 건강한 몸을 만들 수 있어요. 그 외에도 김에는 성장기에 필요하고 빈혈 예방에도 효과적인 엽산, 철분, 혈압을 내리는 칼륨 등 미네랄 성분이 많이 들어 있으면서 칼로리는 낮은 일등 건강식품이에요.

★ Yuka's Recipe Tip

양배추 줄기 부분은 얇게 썰어서 같이 드세요. 양배추 대신 배추, 얼가리, 열무 등으로 만들어도 맛있어요.

★ 아이와 함께 해봐요~

양배추를 손으로 찢어서 찜통에 올리고 김과 무치는 모든 과정을 같이 할 수 있어요. 김으로 무칠 때는 재료를 비닐봉투에 넣어서 무치면 간편해요.

구멍이 숭숭숭!
연근볶음

연근을 기피하는 아이들이 있다면 연근의 단면을 이용해 도장을 찍는 미술놀이를 해보세요.
연근에 대한 거부감이 점차 줄어들 거예요.

재료(4인분)
연근 150g, 당근 100g, 참기름 2작은술, 물 2큰술, 간장 1큰술, 흰깨 1/2작은술

연근과 당근 자르기
연근이 큰 경우에는 반으로 자르고 비스듬히 얇게 썰고, 당근은 채 썰어요. 연근이 작으면 반으로 자르지 말고 통째로 잘라요. 그럼 모양이 더 예뻐요.

연근과 당근 볶기
팬에 참기름을 두르고 연근을 볶다가 당근을 넣고 볶아요.

물 넣고 조리기
❷번에 물을 넣고 뚜껑을 덮어요.

간하고 깨 뿌리기
물기가 없어지면 간장으로 간을 하고 흰깨를 뿌려요.

완성!

★ Yuka's Health Tip

근채는 몸을 데우는 양성 기운을 가진 식품이에요. 특히 연근은 길고 구멍이 있어서 마크로비오틱에서는 기관지에 효능이 있다고 말해요. 천식이 있는 아이나 호흡기가 약한 아이에게 좋은 음식이지요.

★ Yuka's Recipe Tip

연근이 팬에 붙어버린 경우에는 무리하게 떼지 말고 약간의 물을 넣고 뜸들이면 자연스럽게 떨어져요.

★ 아이와 함께 해봐요~

이 요리책에 자주 나오는 단골손님이 있어요. 바로 연근, 우엉, 마, 당근이죠. 아이와 같이 요리 책을 보면서 숨어있는 연근, 당근 찾기를 해보세요. 요리 책은 엄마만의 것이 아니죠. 아이들의 호기심을 자극하는 재미있는 그림책이기도 하니까요.

하얀 크림 밑에 숨바꼭질하는 채소 친구들
단호박브로콜리그라탕

노란색 단호박, 초록색 브로콜리, 흰색 두부마요네즈 소스.
아기자기한 채소 친구들의 알록달록한 색감은 아이들의 호기심을 자극할 거예요.

두부마요네즈 소스
[재료] 부침용두부 1/4모, 유채꽃씨유 1큰술, 현미식초 1큰술, 조청1/2큰술, 소금1/2작은술, 생강 1조각(5g)
1 두부는 물기를 잘 빼둬요.
2 모든 재료를 합쳐서 블렌더로 갈아요.

재료(1인분)
단호박 180g, 브로콜리 90g, 옥수수 캔 15g, 소금 약간, 후추 약간, 두부 마요네즈 4큰술, 기름 약간

단호박 브로콜리 자르기
단호박은 2cm 조각으로 자르고 브로콜리는 호박과 같은 크기로 잘라요. 브로콜리 줄기와 잎도 잘라 사용하세요.

단호박 브로콜리 찌기
김이 올라오는 찜통에 단호박과 브로콜리를 쪄요.

두부마요네즈 뿌리기
그라탱 접시에 ❷와 옥수수를 담고 소금, 후추를 뿌린 뒤 옥수수를 얹고 두부마요네즈를 뿌려요.

토스터에 굽기
표면에 기름을 살짝 바르면 토스터에 두부마요네즈가 노릇노릇하게 될 정도로 구워요.

완성!

★ Yuka's Health Tip
마크로비오틱에서는 하루에 크게 3가지 종류의 채소 섭취를 권해요. 한 가지는 우엉, 당근, 무, 연근 등 지하에서 자란 근채 채소예요. 또 한 가지는 미나리, 열무, 쑥갓, 청경채, 배추 등 지상에서 자란 잎 채소예요. 마지막으로는 양배추, 양파 등 지하와 지상 부근에서 자란 동그랗게 생긴 채소예요. 단호박과 브로콜리는 그 종류에 들어가죠.

★ Yuka's Recipe Tip
두부마요네즈를 봉투에 넣고 선을 그리듯 지그재그로 음식에 뿌려도 예뻐요. 두부마요네즈는 기름이 적기 때문에 쉽게 타지 않아요. 표면에 기름을 바르거나 빵가루를 뿌려서 구우면 훨씬 더 고소해요!

★ 아이와 함께 해봐요~
익힌 채소와 봉투에 넣은 마요네즈까지 준비해두면 나머지는 아이 혼자서 할 수 있어요. 마요네즈로 좋아하는 모양을 그려보게 하면 더욱 재미있어해요!

빙그레 웃는 입처럼
단호박조림

쉽고 간단하지만 너무 맛있는 단호박조림.
단호박 고유의 맛을 최고로 끌어낼 수 있는 요리랍니다.

재료(4인분)
단호박 200g, 물 1/2컵, 소금 약간, 간장 2작은술

단호박 자르기
단호박은 2cm 조각으로 잘라요. 껍질에 상처가 있으면 도려내주세요.

단호박 익히기
냄비에 단호박을 넣고 물을 부은 후 소금을 뿌리고 끓여요.

단호박 조리기
끓으면 간장을 넣고 뚜껑을 덮은 후 물기가 거의 없어질 때까지 조려요.

완성!

★ Yuka's Health Tip
단호박은 카로틴과 비타민C가 풍부해서 점막을 단단하게 만들고 감기에 강한 몸을 만들어 줍니다. 또한 단호박의 단맛은 몸을 데워주고 신체 기능을 정상적으로 회복시키는 역할을 해요.

★ Yuka's Recipe Tip
단호박은 껍질째 조려요. 껍질에 있는 딱딱한 부분은 조려도 딱딱하니까 깎아서 빼내세요.

★ 아이와 함께 해봐요~
아이는 물건을 "넣다" "놓다" 등의 일을 잘 하고 좋아해요. 완성시킨 요리를 아이에게 접시에 예쁘게 담아 달라고 부탁해보세요. 손을 깨끗이 씻었다면 맨손으로 음식을 집어도 괜찮겠죠. 정성으로 만든 요리를 아이가 소중하게 담는 모습을 보면 엄마도 무척 감동한답니다.

푸른 속에 맛있게 밴 국물
우엉푸룬조림

채소가 부드러워질 때까지 푹 조려주세요.
푸룬의 상큼한 맛이 배어나 우엉에 대한 거부감을 줄여줍니다.

재료(4인분)
두부(부침용) 60g, 기름 2작은술, 건자두 60g, 말린 표고버섯 2개, 연근 60g, 당근 50g, 우엉 100g, 물 1과1/2컵, 간장 2와1/3큰술

두부 굽기
두부는 물기를 빼고 1cm 두께로 자르고, 기름을 두른 팬에 양면이 노릇하게 익게 구워요.

푸룬과 채소 자르기
푸룬은 반으로 잘라요. 불린 표고버섯은 반으로 자른 다음 1cm 너비의 부채꼴로 자르고 줄기는 손으로 찢어요. 연근, 당근, 우엉은 마구썰기 해요.

푸룬과 채소 볶기
냄비에 ❷의 재료를 표고버섯, 연근, 당근, 우엉, 푸룬 순서대로 넣고 마지막에 두부를 얹고 물을 부어요. 끓기 시작하면 간장을 2큰술만 넣어요.

조리기
물기가 반 정도 줄면 나머지 간장 1/3큰술을 넣고 물기가 없어질 때까지 조려요.

완성!

★ Yuka's Health Tip
푸룬은 장내 환경을 개선하는 식물섬유, 피부를 건강하게 만드는 비타민A, 혈액순환이 좋아지는 비타민E, 대사와 성장에 관련된 비타민B군 등이 풍부한 식품이에요. 비타민뿐만 아니라 과도한 염분을 배출해주는 칼륨, 대사와 미각에 중요한 아연 등 미네랄 성분도 많아요. 이런 영양소들은 같이 조린 식품의 영양 성분 흡수에도 도움을 줍니다.

★ Yuka's Recipe Tip
조릴 때는 냄비보다 약간 작은 접시 등을 덮어서 조리면 골고루 간이 잘 배이고 채소도 부드러워져요.

★ 아이와 함께 해봐요~
이 요리에는 몇 가지 채소가 들어 있을까요? 하나 당근, 둘 우엉, 셋 연근... 이렇게 아이와 접시에 담은 요리를 보면서 재료 찾기를 해보세요. 수를 세면서 한 개, 두 개, 아이 입 속에, 엄마 입 속에, 아빠 입 속에 쏙쏙 집어넣어요.

길쭉하고 날씬한 채소 친구
마늘종 볶음

녹색, 흰색, 주황색. 눈으로만 봐도 맛있는 채소 볶음입니다.
오로지 소금만으로 간을 해 채소 특유의 맛을 살린 음식이에요.

재료(4인분)
마늘종 100g(24개), 무 100g, 당근 20g, 참기름 2작은술, 소금 1/4작은술
[소금물] 물 1/2컵, 소금 2작은술

마늘종과 채소 자르기
마늘종은 5cm 길이로 자르고 당근과 무는 마늘종 굵기에 맞추어서 잘라 두어요.

무 소금물에 담그기
무는 소금물에 담가 두어요. 이렇게 해야 볶아도 물기가 나오지 않고 식감도 좋아져요.

마늘종과 채소 볶기
팬에 참기름을 두르고 마늘종, ❷의 물기를 뺀 무, 당근을 볶아요. 소금으로 간을 해요.

완성!

★ Yuka's Health Tip

마늘종에는 베타카로틴과 비타민C가 풍부하게 들어 있어요. 베타카로틴은 당근에도 많이 들어 있는데, 지용성 비타민이라서 기름에 볶으면 더 잘 흡수돼요. 마늘종의 독특한 냄새 성분은 비타민B1의 흡수를 도와주고 피로해소, 면역력 강화 등에 효과가 있죠. 비타민B1이 많은 현미밥과 같이 먹으면 더 좋아요.

★ Yuka's Recipe Tip

무는 소금에 담가둔 후 볶아야 수분이 적당히 사라지고 촉감이 좋아져요. 당근과 무는 비슷한 굵기로 잘라서 동시에 익히세요.

★ 아이와 함께 해봐요~

같은 길이와 굵기의 볶은 채소로 그림을 그려볼까요? 사각형, 삼각형, 별 모양 등등. 단 아이와 사용한 채소는 다 먹는다는 약속을 사전에 꼭 하세요.

울퉁불퉁 못생겼지만 맛은 일등!
애호박아몬드범벅

애호박과 아몬드? 어울리지 않는 조합 같지만
온가족 모두가 좋아하는 홈메이드 간식이랍니다.

재료(4인분)
애호박 200g(1개), 간장 1작은술, 아몬드 슬라이스 80g, 통밀가루 적당량, 튀김유 적당량

애호박 마구썰기
애호박은 마구썰기로 썰어서 간장으로 밑간을 해요.

아몬드 부수기
아몬드 슬라이스는 봉투에 넣어서 잘게 부셔요.

튀김옷 입히기
❶에 통밀가루를 씌운 후, 물에 녹인 통밀가루에 적셔서 아몬드를 묻혀요.

튀기기
180도로 가열해놓은 기름에 고소하게 튀기면 완성이에요.

완성!

★ Yuka's Health Tip
아몬드는 특히 성장기에 중요한 단백질과 칼슘, 지방을 분해하고 비만을 예방하는 비타민B2, 혈액순환에 효과가 있는 비타민E, 체내의 노폐물을 배출하는 식물섬유 등이 풍부한 식품이에요. 특히 비타민E가 풍부한 아몬드와 비타민C가 풍부한 애호박을 함께 먹으면 노화방지, 피로해소, 각종 질병을 일으키는 과산화지질의 생성을 억제시키는 효과가 있어요.

★ Yuka's Recipe Tip
아몬드 슬라이스는 크기가 크면 애호박에 잘 안 붙어요. 잘게 다져야 사용하기 편해요. 빵가루를 조금 섞어도 잘 붙어요.

★ 아이와함께해봐요~
"아몬드 좀 부셔줘!" 비닐봉투에 넣은 아몬드와 나무공이를 주면 빵빵 잘 해줄 거에요. 이때 수건 위에 놓고 부수면 봉투도 찢어지지 않고 시끄럽지도 않아요.

채소 가족 머리에 빵가루 눈이 쌓였어요
삼색빵가루구이

짭쪼름한 빵가루를 채소 위에 얹어 카나페처럼 즐겨요.
색색깔의 채소가 사랑스러운 요리입니다.

재료(각 6개씩)
당근 120g, 새송이버섯 100g(1개), 애호박 100g(1/2개), 소금 적당량
[토핑] 빵가루 4큰술, 다진 마늘 1큰술, 올리브유 1큰술, 다진 파슬리 약간, 소금 1/2작은술

당근 물기 빼기
당근은 1cm 두께로 자르고 바로 냄비에 넣어서 소금을 뿌린 후 바로 뚜껑을 덮어서 당근에서 물기가 나올 때까지 놔둬요.

볶아서 물기 빼기
물기가 나오면 강한 불로 볶아서 물기를 없애요.

쪄서 물기 빼기
물을 3큰술 넣고 뚜껑을 덮어서 쪄요.

새송이버섯과 애호박 자르기
새송이버섯과 애호박은 1cm 두께로 잘라요.

토핑 만들기
토핑 재료들을 잘 섞어요.

고소하게 굽기
당근, 버섯, 애호박을 내열용기에 가지런히 놓고 ❺를 얹어 토스터에서 빵가루가 고소하게 탈 때까지 3분 정도 구워요.

완성!

★ Yuka's Health Tip

새송이버섯은 칼로리가 거의 없고 비만 예방에 좋은 식품이며, 칼슘의 흡수를 도와주는 비타민D나 성장을 촉진하는 비타민B군, 뇌의 발달에 좋은 린도 풍부하게 들어 있어요. 애호박에는 신진대사를 활발하게 하고 피로해소, 이뇨작용을 하며 부종을 없애는 성분이 들어 있어요.

★ Yuka's Recipe Tip

당근, 애호박, 버섯은 미리 쪄두면 좋아요. 어린 아이들에게 마늘은 강하기 때문에 마늘 없이 빵가루와 참기름만으로 만들어도 괜찮아요. 위 요리 과정처럼(❶-❸번) 당근에 소금을 뿌리고 물기를 뺀 후, 볶아서 또 물기를 빼는 등의 과정을 거치면 당근 고유의 풋내가 사라져서 평소 냄새 때문에 당근을 싫어하던 아이들도 잘 먹는답니다.

★ 아이와 함께 해봐요~

애호박과 버섯만 사용하면 쉽게 자를 수가 있고 미리 가열할 필요도 없어서 쉽게 만들 수 있어요. 봉투에 빵가루 재료를 넣어 섞고 아이와 함께 숟가락으로 채소 위에 얹어 보세요.

새콤하고 상큼해요
오이미역무침

더운 여름철 입맛 없을 때 간단하게 차릴 수 있는 상큼한 반찬이에요!

재료(2인분)
오이 100g(1/2개), 무 40g, 소금 1/2작은술, 미역 1g
[절임장] 현미식초 1큰술, 조청 1큰술, 소금 1/2작은술, 흰깨 적당량

01. 오이와 무 준비하기
오이와 무는 얇게 썰어 소금으로 비벼 두어요.

02. 미역 자르기
미역은 물에 불려서 한입 크기로 잘라요.

03. 절임장 만들기
절임장 재료를 모두 섞어요. 이때 냄비로 한번 끓이면 조청도 더 잘 녹일 수 있고 조화가 잘 되어 몸에도 부드러워요.

04. 무침과 장 곁들이기
❶과 ❷의 물기를 짜서 섞고 먹기 직전에 절임장으로 섞어요.

완성!

★ Yuka's Health Tip

오이는 수분이 많고 몸의 열을 식히는 효과가 있죠. 또 오이가 가진 독특한 냄새는 혈액을 맑게 하는 효과가 있어요. 미역에 풍부한 요오드는 기초대사를 활발하게 해서 비만을 예방하고, 정신을 안정시키는 효과가 있죠. 또 칼슘이나 칼륨 등 미네랄도 풍부해요. 더위로 뜨거워진 몸을 식혀주고 미네랄도 공급할 수 있어서 여름철에 안성맞춤인 건강 반찬이에요.

★ Yuka's Recipe Tip

오이와 무는 미리 소금으로 비벼 두면 음성 성질이 완화되고 또 필요 없는 수분이 빠져나오게 되죠. 절임장은 먹기 직전에 섞으면 식초 때문에 오이 색이 변해버리지 않고 수분이 나와서 싱거워지지도 않아요.

아이스크림보다 맛있어
고구마호박샐러드

설탕이나 첨가물 필요 없이 고구마와 호박을 이용해
채소가 가진 진정한 단맛을 끌어낼 수 있어요.

재료(4인분)
단호박 220g(10~12조각), 고구마 160g(소 1개), 소금 약간
양파 30g(1/4개), 건포도 15g, 호박씨 6g, 두유 1큰술, 소금 1/4작은술

단호박 고구마 자르기
단호박은 3cm 조각, 고구마는 1cm 두께로 자르고 소금을 뿌려 두어요.

양파 건포도 다지기
양파는 얇게 썰고, 건포도는 다져요.

단호박 고구마 찌기
단호박과 고구마는 김이 나오는 찜통에 쪄서 익혀요. 양파는 마지막에 넣어서 예열로 익혀도 돼요.

단호박 고구마 으깨기
볼에 익힌 단호박과 고구마를 넣어서 으깨요. 이때 고구마 껍질은 빼서 따로 두어요.

골고루 섞기
양파, 건포도, 호박씨, 두유를 넣어서 가볍게 섞어요. 소금으로 간을 해요.

고구마 껍질 볶기
❹에서 따로 두었던 고구마 껍질은 다진 후 기름 없이 볶아서 장식으로 사용해요.

완성!

★ Yuka's Health Tip
고구마의 주성분은 전분질이며, 변비에 효과가 있는 식물섬유도 풍부해서 아이에게 좋은 식재료예요. 또 감기를 예방하고 면역력을 높이는 비타민C는 원래 열에 약한데, 고구마의 주성분인 전분질 덕분에 가열해도 파괴되지 않아요. 고구마는 껍질까지 통째로 먹어야 대사가 잘 이루어지고 가스가 생기지 않아요.

★ Yuka's Recipe Tip
두유로 농도를 조절해요. 두유 대신 코코넛밀크를 사용하면 식감이 좀 더 가벼워져요. 생일 파티에 어울리는 음식이죠. 고구마와 호박을 각각 단독 주인공으로 해서 만들어도 맛있어요.

★ 아이와 함께 해봐요~
아이에게 익힌 채소를 으깨거나 섞는 과정을 맡기면 열심히 신나게 해요.

땅속에서 밑으로 쑥쑥 자라요
마당근된장조림

땅속에 자라는 근채는 양성이 강한 식재료로 몸을 데우는 효과가 있어요.
건강에 좋은 건 물론이고 맛과 영양은 덤이랍니다.

재료(4인분)
마 270g, 당근 100g, 쪽파 약간
[조림장] 물 1컵, 간장 1큰술, 된장 2작은술

마와 당근 마구썰기
마와 당근은 한입 크기로 마구썰기해요. 마는 껍질째 조리지만 여드름 같이 오돌토돌한 부분은 감촉이 안 좋으니 잘라내고 쓰세요.

마 씻어내기
마는 소금을 뿌려서 미끈미끈한 부분을 씻어내세요.

조리기
냄비에 조림장을 넣고 ❶을 넣고 뚜껑을 덮어서 조려요.

쪽파 뿌리기
채소가 익으면 잘게 다진 쪽파를 뿌려요.

완성!

★ Yuka's Health Tip

영양 성분이 많이 들어 있는 마는 중국에서는 한약으로 이용할 정도로 소화 촉진 작용이나 자양 강화에 효과적이에요. 마가 가진 끈기는 세포를 활성화시키는 작용을 해서 신진대사, 피부미용, 피로해소, 변비개선, 비만 예방에 효과적입니다. 소화효소가 많아서 소화가 잘 되고 위장, 대장, 소장을 활발하게 해서 몸에 아주 좋은 식품이에요.

★ Yuka's Recipe Tip

참마는 아삭아삭한 촉감이 나고, 수분이 적은 산마를 사용하면 감자 같은 촉감을 즐길 수 있어요. 또한 토종 둥근 마는 가장 약효가 높고 고구마 같은 촉감이 특징이에요.

★ 이렇게 하면 먹어요~

아이가 마나 당근을 싫어하죠. 이럴 때는 크로켓을 만들어 보세요! 조림액이 없어질 때까지 조린 후 으깨요. 그리고 빵가루를 입혀서 바삭바삭한 크로켓으로 변신시키는 거죠. 아이는 싫어하는 마나 당근이 들어 있는 요리라는 걸 전혀 모를 거예요. 이미 간이 되어 있으니까 소스 없이 맛있게 먹을 수 있어요.

작은 배추 모양이에요
청경채무즙소스

중국 요리에서나 볼 수 있는 청경채.
흔히 접할 수 있는 배추를 통해 청경채에 대한 친숙함을 심어주세요.

재료(2인분)

청경채 5개, 올리브유 약간, 소금 약간, 팽이버섯 100g, 양파 120g, 검은깨 적당량

[소스] 무 100g, 물 2/3컵, 소금 1작은술, 레몬즙 2작은술, 찹쌀가루 3작은술

팽이버섯과 양파 썰기
팽이버섯은 3cm 길이로 자르고 양파는 얇게 썰어요.

워터소테하기
냄비에 기름 없이 물을 약간 넣고 ❶을 워터소테(물로 볶는 조리법)해요. 물이 잦아들면 그때마다 물을 더 넣고 볶아요.

소스 조리기
무는 강판으로 갈고 다른 나머지 소스 재료와 합쳐서 ❷에 넣고 섞으면서 끈기가 생길 때까지 조려요.

청경채 준비하기
끓는 물에 소금, 올리브유를 넣고 청경채를 데쳐서 ❸을 위에 올리고 검은깨를 뿌려요.

완성!

★ Yuka's Health Tip

청경채에 풍부하게 들어 있는 칼슘은 팽이버섯에 많이 들어 있는 비타민D와 함께 작용해서 흡수가 잘 돼요. 그래서 성장기 아이들에게 더 좋은 식품이에요. 또 베타카로틴도 많이 들어 있는 청경채는 기름을 사용해서 조리하면 더 흡수가 잘 돼요. 베타카로틴은 눈의 피로를 덜어 주어 게임이나 PC를 많이 사용하는 아이에게 더욱 좋아요.

★ Yuka's Recipe Tip

워터소테는 기름 대신 소량의 물로 볶는 조리법이에요. 물은 약간만 넣고 수분이 증발할 때 생기는 수증기로 가열하는 방법이에요.
❹의 과정에서 청경채가 크면 꼭지 부분에 칼집을 넣어서 손으로 찢어요.

★ 아이와 함께 해보아요~

청경채를 찢어볼까요? 찢으면서 느끼는 아삭아삭함. 칼집을 넣어주면 아이도 쉽게 찢을 수 있어요! "접시에 담아봐, 소스를 뿌려봐, 참깨를 뿌려봐!" 아이가 직접 만들어 보게 하면 익숙하지 않은 채소지만 친근해져서 먹고 싶어질 거예요.

제3장 아이가 싫어하는 재료는 숨기고 맛과 영양은 높인 숨바꼭질 건강 요리

입맛 까다로운 우리 아이, 채소를 고기처럼 먹는다면 얼마나 좋을까요.
모양뿐만 아니라 맛까지 감쪽같이 속아 넘어가는 숨바꼭질 건강 요리,
몰래 먹은 건강 요리에 내 아이 건강도 몰래 몰래 자랄 거예요.

부드러운 마음씨
당근연근너깃

엄마의 마음처럼 부드러운 당근연근너깃.
채소가 가진 고유의 단맛과 쫄깃쫄깃한 식감은 튀김옷이 없어도 매력적으로 다가옵니다.

재료(8개분)
연근 180g, 당근 40g, 빵가루 2큰술, 소금 1/4작은술, 파슬리 4g, 튀김유 적당량

01 연근과 당근 갈기
강판으로 연근을 간 뒤 당근을 갈아요.

02 반죽 만들기
①에 빵가루, 소금과 다진 파슬리를 넣고 잘 섞어서 반죽을 만들어요.

03 반죽 농도 조절하기
연근에 물기가 많을 때는 빵가루로 반죽 농도를 조절해요.

04 튀기기
동그랗게 경단을 만들고 180도의 기름에 튀겨요.

완성!

★ Yuka's Health Tip
당근과 연근은 껍질째 강판에 갈아요. 특히 연근은 껍질 부분에 미네랄이 많아요. 연근 껍질의 밤색 부분은 연근에서 나온 산소와 진흙 중의 철분이나 아연이 결합해서 생긴 산화철이에요. 흰색 연근은 산소가 나오지 않아 진흙에 있는 좋은 성분과 반응하지 못한 연근이므로 밤색으로 변한 신선한 연근을 구입하세요.

★ Yuka's Recipe Tip
당근에는 비타민C를 파괴하는 효소가 있어서 강판으로 갈 때 연근부터 가세요! 그러면 연근에 풍부하게 들어 있는 비타민C가 파괴되는 걸 막을 수 있어요. ❸의 과정에서는 연근 물기가 너무 많으면 모양이 예쁘게 안 만들어지고 빵가루가 너무 많이 들어가면 딱딱해져요.

★ 아이와 함께 해봐요~
연근과 당근을 강판에 가는 일은 아이한테 맡겨보세요! 경단을 만드는 과정도 아이와 함께 해보세요.

당근아, 어디 숨었니?
당근케첩스파게티

식품첨가물이 들어가지 않은 홈메이드 당근 케첩은
한 번 만들어 놓으면 여러 요리에 두루 활용할 수 있어 좋아요.

재료(1인분)
통밀 스파게티 70g, 올리브유 약간, 소금 약간, 양파 50g, 애호박 35g, 당근 30g, 느타리버섯 20g, 올리브유 2작은술, 캔 옥수수 1큰술(15g), 당근케첩 5큰술

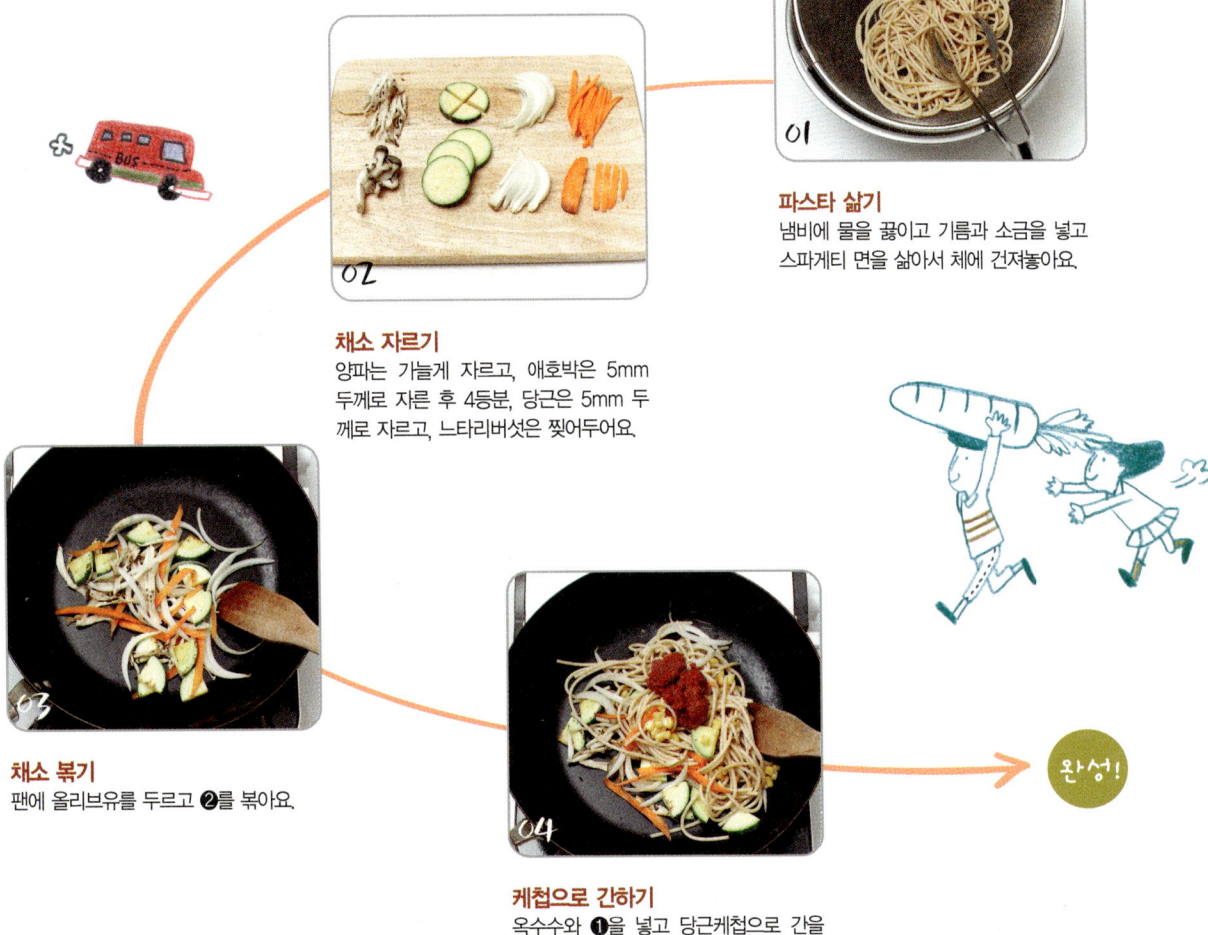

파스타 삶기
냄비에 물을 끓이고 기름과 소금을 넣고 스파게티 면을 삶아서 체에 건져놓아요.

채소 자르기
양파는 가늘게 자르고, 애호박은 5mm 두께로 자른 후 4등분, 당근은 5mm 두께로 자르고, 느타리버섯은 찢어두어요.

채소 볶기
팬에 올리브유를 두르고 ❷를 볶아요.

케첩으로 간하기
옥수수와 ❶을 넣고 당근케첩으로 간을 해요.

완성!

★ Yuka's Health Tip
당근은 베타카로틴이 많이 포함된 녹황색채소예요. 베타카로틴은 활성산소의 활동을 억제하는 작용을 하므로 면역력을 활성화시켜 감기 예방에 효과적이에요. 또 체내에서 비타민A로 작용하는데, 비타민A는 피부나 점막을 건강하게 유지하는 효과가 있어요. 또 피부가 건조해지는 것을 막고 윤기 나게 해요.

★ Yuka's Recipe Tip
애호박은 오래 볶으면 모양이 망가져요. 스파게티로 살짝 덮어서 찜질하듯 익히면 모양을 그대로 유지하면서 익힐 수 있답니다. 아이들에게는 백밀 스파게티를 사용해도 좋아요.

★ 아이와 함께 해보아요~
얇게 자른 당근을 쿠키틀로 아이가 좋아하는 모양으로 오리게 해보세요. 버섯도 함께 찢어보고요. 싫어하는 음식이라도 자기가 직접 요리에 참여하면 흥미를 갖게 되죠. 평소 음식과는 다른 맛을 느끼게 될거예요.

콕! 찍어서 냠냠 먹어요

현미밥을 곁들인 근채쌈장

딱딱하기 때문에 아이들이 잘 먹지 않는 근채.
이렇게 잘게 다져서 쌈장에 넣으면 근채에 함유된 영양소를 쉽게 섭취할 수 있겠죠.

재료(한 공기분)
느타리버섯 20g(1/8개), 풋고추 1개, 대파 30g(작은 것 1개), 연근 40g(1cm), 우엉 50g(굵은 것 8cm), 참기름 1/2큰술, 된장 1큰술, 간장 1큰술, 현미밥 적당량, 쌈 채소 적당량

채소 다지기
느타리버섯, 풋고추, 대파, 연근, 우엉은 모두 잘게 다져요.

채소 볶기
팬에 참기름을 넣고 ❶을 볶아요.

된장과 간장 넣기
된장과 간장을 넣고 잘 섞어요.

쌈채소 곁들이기
쌈채소에 얹어서 현미밥과 함께 먹으면 별미에요.

완성!

★ Yuka's Health Tip
근채는 몸을 따뜻하게 하는 효과가 있어요. 또 사람 몸과 비교할 때, 땅속에 깊이 자란 근채는 사람 다리나 허리에 해당한다고 봅니다. 그래서 다리에 냉증이 있거나 하반신이 약한 사람이 먹으면 효과를 볼 수 있어요.

★ Yuka's Recipe Tip
재료는 될 수 있는 한 잘게 다져요. 채소를 볶으면 냄새가 없어지고 달콤한 맛이 생겨요. 풋고추로 매운 맛을 조절하고, 풋고추 씨앗도 같이 넣어 주세요. 마크로비오틱에서는 일물전체라 해서 버리는 부분이 없이 모두 먹기 때문이에요.

★ 더 맛있게 먹어요~
"엄마 것도 싸줄래? 아빠한테도 드려야지!" 우선 엄마, 아빠가 맛있게 먹는 모습을 보여주세요! 아이가 싸준 쌈밥을 "맛있다, 맛있다" 하면서 먹어보세요. 물론 아이가 직접 싸기 쉽게 밥을 아이 손 크기에 맞춰 미리 동그란 볼로 만들어놓으면 좋겠죠.

와작와작~뿌셔뿌셔~
근채튀김덮밥

가늘게 채 썬 근채를 튀기면 특유의 아삭아삭한 식감이 더욱 살아나
씹는 재미에 맛까지 더해진답니다.

방금 튀겨낸것이 제일맛있
지만, 식어도 맛있어서 도시
락에 넣어도 좋아요.

재료(2인분)
현미밥 280g
[근채튀김] 우엉 20g, 양파 20g, 당근 10g, 연근 10g, 미나리 10g, 새송이버섯 10g, 통밀가루 3큰술, 물 4큰술, 튀김유 적당량
[소스] 간장 1큰술, 조청 1큰술, 물 1큰술

채소 준비하기
우엉, 당근, 버섯은 채 썰어요. 양파는 얇게 슬라이스 하고요. 연근은 슬라이스 해서 반으로 잘라요. 미나리는 5mm 길이로 잘라요.

채소 밀가루 묻히기
볼에 ❶을 합쳐서 먼저 통밀가루 1큰술만 넣고 채소에 가루가 골고루 묻게 잘 섞어요.

반죽하기
나머지 통밀가루 2큰술과 물 4큰술을 섞어서 ❷에 넣고 가볍게 섞어요.

채소 튀기기
❸으로 납작한 원형을 만들어 180도의 기름에 튀겨요.

튀김 조리기
냄비에 [소스] 재료를 넣고 끈기가 생길 때까지 조려요.

소스 뿌리기
접시에 현미밥을 담고 ❹를 얹어서 ❺를 뿌리면 완성이에요.

완성!

★ Yuka's Health Tip
알칼리성이 강한 우엉은 과하게 먹은 동물성 식품이나 설탕, 인공 음식으로 산화된 몸을 해독해주는 효과가 있어요. 또 식물섬유가 풍부해서 장내의 노폐물도 없애지게 하고 변비를 해소, 혈액도 깨끗하게 정화시켜줍니다.

★ Yuka's Recipe Tip
튀김옷을 얇게 입혀야 바삭바삭하게 튀겨져요. 밀가루를 많이 넣지 말고 채 썬 채소 하나하나에 살짝 묻히고, 물도 상태를 보면서 조금씩 넣으세요.

★ 더 맛있게 먹어요~
싫어하는 음식이라도 의외로 맛있게 먹을 수 있는 요리법이 튀김이에요. 아이가 싫어하는 음식을 튀김요리로 만들어 보세요.

샌드위치처럼 생겼네
두부된장구이

쪽파를 뿌리째 다져 넣은 된장을 두부 사이에 끼워 먹는 요리에요.
아이들이 먹기에 딱 알맞은 크기랍니다.

재료(8개분)
두부(부침용) 1모, 쪽파 15g(2줄), 김밥용 김 1장, 된장 1과 1/2큰술, 깨소금 2작은술

01 두부 물기 빼기
두부는 물기를 잘 빼서 준비하세요.

02 쪽파 다지기
쪽파는 뿌리째 다져 두어요.

03 김 8등분하기
김은 길게 8등분해서 잘라요.

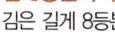

04 된장 갈기
양념절구에 알갱이가 남지 않게 된장을 갈고 다진 쪽파를 넣어 섞어요.

05 두부 샌드위치 만들기
두부를 16등분하고 ❹를 바르고 다른 두부로 샌드위치를 만들어요. 두부 가운데를 길게 잘라둔 김으로 말아요.

두부 샌드위치 굽기
180도로 예열한 오븐에서 15분 정도 구우면 완성이에요.

완성!

★ **Yuka's Health Tip**

두부, 유부, 콩국수, 낫토 등 대두 식품을 먹을 때는 파를 함께 먹으면 단백질이 잘 분해되어 소화도 잘 돼요. 파에는 감기 예방이나 피로해소 외에 아이의 학습에 필요한 기억력을 좋아지게 하는 효과도 있어요.

★ **Yuka's Recipe Tip**

쪽파 외에 된장에 생강, 깨소금, 깻잎 등을 섞어도 맛있어요. 팬에 구울 경우 김이 팬에 붙어버리므로 두부만 구운 후 김으로 매는 게 모양이 더 좋아요. ❶에서 두부의 모양을 그대로 유지하고 싶을 때는 음식용 행주로 싼 다음 김발로 싸서 고무줄로 묶어둬요.

★ 더 맛있게 먹어요~

소풍 갈 때 도시락에 넣으면 좋아요! 평소와 다른 분위기의 음식을 먹으면 아이의 호기심을 자극할 수 있어요.

어디어디 숨었나, 두부 보일라~
계란없는 계란말이

보고 놀라고, 먹어보고 한 번 더 놀라는 계란없는 계란말이.
두부의 노란색은 카레의 주재료인 강황으로 입힌 거랍니다.

재료(계란말이 1대)
두부(부침용) 1/2모, 연근 50g, 부추 10g, 대파 10g, 오트밀 2큰술, 소금 약간, 강황 약간, 참기름 1작은술
[채소즙 소스] 무 80g, 양파 50g, 사과 1/4개, 간장 1과1/2큰술

두부 물기 빼기
두부는 물기를 잘 빼요. 두부를 음식용 행주로 싸서 위에 무거운 접시를 올려놓으면 물기가 더 잘 빠져요.

채소 준비하기
연근은 강판으로 갈고 부추는 2cm 길이로 잘라요. 대파는 잘게 썰어요. 뿌리도 버리지 말고 다져서 넣어요.

반죽하기
두부에 ❷와 오트밀, 소금, 강황을 넣고 반죽해요.

계란말이 만들기
팬에 참기름을 두르고 ❸의 반죽을 계란말이 모양으로 만들면서 구워요.

코팅팬을 사용해야 두부가 잘 들러붙지 않아요.

고루 익히기
뚜껑을 덮어서 5분간 찌다가 뒤집어서 양면이 고루 익게 구워요.

소스 만들기
기름 없이 양파만 볶다가 물기가 사라지면 물을 조금씩 더하며 끓여요. 사진과 같은 색이 되면 [채소즙 소스]의 재료를 넣어 완성하세요.

완성!

★ Yuka's Health Tip
이 요리에는 대파, 양파, 부추 등 독특한 냄새를 가진 채소가 3가지나 들어 있어요. 이 냄새 성분은 황화알릴이며, 소화효소 분비를 활발하게 하도록 도와 소화 촉진, 식욕 증진에 효과적이에요.

★ Yuka's Recipe Tip
강황을 넣지 않고 햄버그 모양을 만들면 두부 햄버그가 돼요. 오트밀이 수분을 흡수하도록 잠시 놔두는 것도 기억해두세요. 만든 소스에 간장, 조청을 1:1:1로 섞으면 돈까스 소스가 됩니다.
❸에서 강황은 가열하면 색이 진해지므로 반죽이 연한 크림색이 될 정도만 강황을 넣어 주세요.

★ 아이와 함께 해봐요~
연근을 강판으로 갈아 반죽을 만들고 아이가 좋아하는 모양을 함께 만들어 보아요.

물렁물렁 목구멍으로 꿀떡~!
무떡

'라복고'라는 중국요리를 마크로비오틱으로 만든 요리에요.
무를 싫어하는 아이도 자신도 모르는 사이 많이 먹을 수 있답니다.

재료(8인분)
말린 표고버섯 40g, 대파 50g, 참기름 1작은술, 무 300g, 물 1과1/2컵, 간장 1작은술, 소금 2/3작은술, 멥쌀가루 150g, 참기름 적당량
[초간장] 간장 2작은술, 식초 1작은술

채소 다지기
무는 채 썰고, 불린 표고버섯, 대파는 뿌리째 다져요.

표고버섯과 대파 볶기
팬에 기름을 두르고 표고버섯과 대파를 볶아요.

무 넣고 조리기
무를 넣고 섞다가 물을 붓고 간장, 소금 넣고 조려요.

멥쌀가루 넣기
거의 물기가 없어지면 멥쌀가루를 넣고 잘 섞어요. 멥쌀가루가 남아 있을 정도로 물기가 없을 때는 물을 넣어서 농도를 조절해요.

반죽 찌기
오븐시트를 깐 틀에 ❹를 넣고 김이 올라오는 찜통에서 40분~1시간 정도 쪄서 식혀요.

떡 굽기
❺를 1cm 두께로 자르고, 참기름을 두른 팬에 양면이 노릇노릇해지게 구워요. 초간장을 만들어 찍어 먹으면 맛있어요.

완성!

★ Yuka's Health Tip
무에는 3대 영양소인 탄수화물, 지방, 단백질을 각각 소화시키는 효소가 모두 들어 있는 훌륭한 식품이에요. 해독작용도 해서 몸에 쌓인 유해물질을 배출시켜요. 비타민도 많고 특히 비타민C는 껍질 부분에 많이 들어 있어서 껍질째 먹는 것이 좋아요.

★ Yuka's Recipe Tip
'라복고(무찹쌀떡)'라는 중국요리를 마크로비오틱식으로 만든 요리예요. 4번에서 남은 수분량으로 떡에 딱딱함 정도를 조절할 수 있어요. 설기 정도의 감촉을 원하면 쌀가루가 그대로 있을 정도로 완전히 수분을 없애고, 쫄깃쫄깃한 느낌이 좋으면 쌀가루를 넣었을 때 한 덩어리가 될 정도로 수분을 남겨요. 무 밑부분이 매운데 조리면 매운맛이 사라져요. 그래서 아이들도 잘 먹어요.

★ 더 맛있게 먹어요~
간식을 이용해서 이런 요리를 해봐요. 간식은 단 과자만 아니라 식사에서 부족한 영양을 줄 수 있는 또 다른 식사라고 생각해요. 신나게 놀다가 배도 고파진 아이는 식사 시간보다 간식 시간에 더욱 잘 먹곤 하죠. 무떡은 냉장, 냉동 보관이 가능하니까 간식 때마다 구워서 주면 따뜻하고 바삭하고 영양도 높고 소화도 잘되므로 간식으로 딱 좋아요.

튀기지 않은 신기한 크로켓
마로 만든 크로켓

신기하게도 마에서 감자맛이 나는 크로켓입니다.
튀김옷을 입혀 바삭바삭하지만 튀기는 대신 오븐에 구웠답니다.

재료(4개분)
산마 200g, 소금 약간, 느타리버섯 35g, 양파 50g, 기름 1작은술, 소금 1/5작은술
[튀김옷] 단호박 30g, 빵가루 1/2컵(30g), 기름 3큰술, 파슬리 약간

산마 찌기
산마는 1cm 두께로 자르고 소금을 뿌려서 찜통에 쪄요.

버섯과 양파 볶기
느타리버섯과 양파는 다져서 팬에 기름을 두르고 달콤한 냄새가 날 때까지 볶아요.

마 으깨기
볼에 ❶을 넣고 껍질째 으깨요.

원형 모양 만들기
❸에 ❷를 합쳐서 소금을 넣고 잘 섞어 원형 모양을 만들어요.

튀김옷 만들기
단호박은 강판으로 갈고 껍질을 남겨둬요. 남긴 껍질은 별 모양을 만들어서 장식으로 활용해보세요. 나머지 재료와 다진 파슬리를 잘 섞어요.

오븐에서 굽기
❹에 ❺를 묻히고 240도로 예열한 오븐에서 표면이 바삭바삭해질 때까지 10분간 구워요.

완성!

★ Yuka's Health Tip

튀김요리 열량 줄이는 방법이 있어요. 저칼로리 소재 선택하기, 튀김유 흡수를 적게 하기 위해 표면적이 작은 모양으로 만들기, 새로운 기름 사용하기, 튀긴 후 기름 잘 빼기, 익힌 것 튀기기, 고온으로 튀기기, 튀김요리에 무즙, 레몬, 버섯, 과일을 곁들여 기름의 소화와 분해를 돕기 등이에요.

★ Yuka's Recipe Tip

구운 후 바로 먹으면 부드럽고, 약간 시간이 지나면 바삭바삭해져요. 호박 껍질은 다져서 소에 섞거나 모양을 만들어서 토핑해요. 구울 때는 중간에서 한번 뒤집으면 양면이 고소하게 구워져요. 오븐이 아니라 토스터를 사용해도 간편해요.

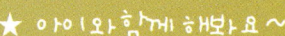

★ 아이와 함께 해봐요~

볼에서 마를 으깨고 재료를 섞고, 모양을 만들고 튀김옷을 입히고 모두 아이와 함께 하면 즐거워요.

이보다 부드러울 순 없다
크리미그라탕

두유와 마가 들어가 부드러운 크리미그라탕.
아이들이 식재료에 대한 거부감 없이 영양소를 섭취하기에 좋은 요리에요.

재료(1인분)
현미밥 120g, 느타리버섯 15g, 양파 25g(1/8개), 당근 7g, 기름 1작은술, 소금 약간, 토마토케첩 2큰술
[소스] 장마 90g, 된장 1/2작은술, 두유 1/4컵, 레몬즙 1작은술, 소금 1/4작은술, 유채꽃씨유 1/2큰술
[토핑] 빵가루 1큰술, 유채꽃씨유 1/2작은술, 파슬리 약간

채소 다지기
느타리버섯, 양파, 당근은 다져요.

채소 볶기
팬에 기름을 두르고 ❶을 볶다가 익으면 현미밥을 넣고 소금과 토마토케첩으로 간을 해요.

마와 소스재료 갈기
먼저 된장의 콩 알맹이가 완전히 부수어지도록 갈다가 나머지 재료들을 넣어서 다시 갈고 강판에 간 마를 잘 섞어요.

토핑 재료 섞기
토핑 재료를 모두 합쳐서 잘 섞어요.

토핑하기
내열용기에 ❷를 담고 ❸을 붓고 ❹를 토핑해요.

토스터에 굽기
토스터로 표면이 노릇하게 변할 때까지 구워요.

완성!

★ Yuka's Health Tip

아이들은 크리미한 감촉을 좋아해요. 그래도 일반적인 화이트소스는 기름기와 유지방이 많아서 소화가 잘 되지 않아 몸에 부담이 되죠. 또 열량도 높아서 비만의 원인이 되기도 하고요. 마로 만든 크리미 소스는 마가 가진 소화효소 덕분에 소화가 잘 되어 위에도 부담이 없어요. 함께 먹는 현미밥의 소화도 도와주니 아주 좋은 궁합이죠.

★ Yuka's Recipe Tip

마의 껍질을 깎아서 따로 볶음밥에 섞으면 화이트소스처럼 선명한 흰색이 되어서 더욱 먹음직스러워요. 기름기가 적은 이 소스는 구워도 잘 타지 않아요. 빵가루를 뿌려서 빵가루가 고소해지면 완성이에요. 다이어트 중에는 아예 기름을 먹지 않는 게 좋아요.

★ 아이와 함께 해봐요~

싫어하는 요리나 처음 먹는 요리는 적은 양부터 도전하도록 하세요. 처음부터 작은 그릇에 만들어 남김없이 먹으면 다 먹었다는 성취감에 아이 스스로 뿌듯해할 거예요.

이불 속에 숨은 톳 아기들
톳춘권

"추운 겨울, 만두피 이불 속에 들어간 톳 아기들이 나올 줄을 모르고 자고 있네요."
재미있는 이야기를 통해 식재료를 친근하게 느낄 수 있도록 해주세요.

재료(10개분)
톳(건조) 2큰술, 물 1/2컵, 간장 1/2큰술, 생강 1조각(5g), 부추 15g,
홍 파프리카 20g, 참기름 1작은술, 소금 약간, 만두피 10장, 튀김유 적당량

톳 물기 빼기
톳은 물로 씻고 물기를 빼두어요..

톳 조리기
냄비에 물과 간장, 톳을 넣고 톳이 부드러워지고 물기가 없어질 때까지 조려요.

채소 채 썰기
생강은 아주 얇게 채 썰어요. 부추는 2cm 길이로 자르고, 파프리카는 씨앗을 빼고 2cm 길이로 채 썰어요.

톳과 채소 섞기
볼에 ❷와 ❸을 합쳐서 참기름, 소금을 넣고 잘 섞어요.

춘권 만들기
만두피에 ❹를 얹고 가장자리에 물을 바르면서 접힌 부분을 눌러가며 싸요.

튀기기
180도의 튀김유로 고소하게 튀겨요.

완성!

★ Yuka's Health Tip

톳은 철분이나 칼슘이 많은 식품이에요. 동물성 식품보다 지방이 적어 소화하기도 부담 없어요. 특히 톳에 포함된 요소는 성장이나 대사를 촉진하는 갑상선호르몬을 분비시켜요. 그래서 성장기에 있는 아이나 유아에게 적극적으로 권하고 싶은 식품이에요.

★ Yuka's Recipe Tip

염장된 톳을 사용할 경우에는 물에 담가서 짠맛을 뺀 후 삶아서 사용하세요. 톳을 미리 간장으로 졸여두거나 생강을 넣으면 비린내가 줄어들지만, 어린 아이에게는 생강이 자극적일 수 있으므로 빼는 게 좋아요. 만두피에 자투리를 기름에 넣어 가라앉지 않고 바로 올라올 때 튀기면 바삭바삭해요.

★ 아이와 함께 해봐요~

만두피에 소를 얹어서 아이와 함께 완성해 보세요. 모양은 꽃 모양, 별 모양 등 다양하게 만들어 보아요.

한입에 꿀꺽~!
톳 슈마이

슈마이는 중국의 만두, 딤섬의 일종이랍니다.
초간장을 곁들이면 간단하게 한 끼 식사를 해결할 수도 있어요.

재료(12개분)
찰보리 3큰술, 찹쌀 3큰술, 톳(건조) 5g, 물 1컵, 간장 1큰술, 연근 150g, 대파 10g, 언두부 1/2모, 소금 약간, 통밀가루 1큰술, 통밀가루 적당량, 캔 옥수수 적당량
[초간장] 간장 1큰술, 식초 1작은술, 쪽파 1개

찰보리와 찹쌀 준비
찰보리와 찹쌀은 각각 깨끗이 씻어서 하룻밤 물에 담가둔 후 물기를 빼두어요.

톳 조리기
톳은 물로 가볍게 헹궈서 물기를 빼고 냄비에 물과 간장을 넣고 물기가 없어질 때까지 조려요.

톳과 채소 다지기
❷를 다지고 연근은 강판으로 갈아요. 이때 갈고 남은 연근과 대파는 다져요.

언두부 으깨기
볼에 ❸과 물기를 뺀 언두부를 으깨서 넣고 소금, 통밀가루를 넣고 잘 섞어요.

슈마이 만들기
❹로 경단을 만든 다음 통밀가루 → ❶ → 옥수수 순으로 묻혀요.

> 경단을 만들 때 물기를 짜야 잘 뭉쳐져요.

슈마이 찌기
김이 올라오는 찜통에서 20분 정도 쪄요. 쪽파는 다져서 초간장을 만든 후 찍어 먹어요.

완성!

★ Yuka's Health Tip
찰보리는 비교적 빨리 익고 소화도 잘 돼요. 특히 식물섬유가 많아서 혈액을 깨끗하게 해줘요. 또 찰보리에 포함된 식물섬유의 일종인 베타글루칸은 피부의 면역력을 높이는 효과가 있어요. 밀가루로 만든 만두피 대신 통곡물을 입혀서 산화가 덜 된 신선한 상태이며 대사도 잘 되고 음식이 가진 에너지(힘)도 높아요.

★ Yuka's Recipe Tip
염장된 톳을 사용할 경우에는 물에 담가서 짠맛을 뺀 다음 삶아서 사용해요. 톳은 간장에 조리면 비린내가 사라져요.

★ 아이와 함께 해봐요~
반죽을 만들고 모양을 만들어 보아요. 찰보리와 찹쌀은 봉투에 넣어서 봉투 안에서 경단에 곡물을 묻히면 좀 더 쉽게 만들 수 있어요!

새파란 미나리 젊은이와 쭈글쭈글 건포도 늙은이
달콤유부초밥

누구나 좋아하는 유부 초밥. 좀 더 특별한 맛을 즐기고 싶다면
미나리와 건포도를 넣어보세요. 특별한 맛이 배가된답니다.

재료(6개분)

현미밥 300g, 유부 6장, 건포도 35g(1/4컵), 물 1과 1/2컵, 간장 1과1/2큰술, 식초 1큰술, 미나리 20g

유부 기름 빼기
유부는 끓는 물에 2~3분 삶아서 기름을 빼두어요. 이렇게 하면 물에 첨가물이 어느 정도 빠져나와 더욱 몸에 좋아요.

유부 주머니 만들기
한쪽 끝을 찢어서 유부 주머니를 만들어 놓아요.

건포도와 미나리 다지기
건포도와 미나리는 잘게 다져요.

유부 조리기
냄비에 유부와 건포도를 넣은 후 물, 간장을 넣고 물기가 없어질 때까지 조려요. 건포도를 함께 넣으면 단맛과 신맛을 낼 수 있어요.

현미밥 양념하기
현미밥에 ❹의 건포도를 모아서 넣고 식초, 미나리를 넣어서 잘 섞어요.

주머니 속 채우기
유부 주머니에 ❺의 밥을 채우면 완성이에요.

완성!

★ Yuka's Health Tip
미국에서는 '퀵 에너지'라고 해서 운동을 할 때 급하게 영양 보급이 필요하면 건포도를 먹어요. 건포도는 포도를 말리는 과정에서 칼슘 흡수에 효과적인 비타민D가 생산되는데 유부에 들어 있는 칼슘 섭취를 도와줘요. 식물섬유도 많이 들어 있어서 깨끗한 혈액을 만들어 대장도 깔끔해져요.

★ Yuka's Recipe Tip
미나리 외에 참나물, 다진 유자를 섞어도 향이 좋고 맛있어요. 다음 날까지 먹을 경우에는 미나리 등 채소류를 넣으면 색이 변하니 깨소금, 유자 등을 넣으세요.

★ 아이와 함께 해보아요~
아이에게 유부주머니 속에 밥을 넣게 해보면 무척 즐거워해요!

사슴뿔처럼 생긴 쑥갓

쑥갓전

쑥갓의 강한 향 때문에 쏙쏙 골라 빼놓는 내 아이를 위한 특별식!
두부와 마가 만나 부드러울 뿐만 아니라 쑥갓의 강한 향도 자연스럽게 낮춰줍니다.

재료(8개분)
두부(부침용) 1모, 쑥갓 50g, 장마 65g, 소금 1/2작은술, 통밀가루 적당량, 김밥용 김 1장

빨리 물기를 빼고 싶을 때나 생으로 먹을 때는 이렇게 손질하는 것이 좋아요.

두부 물기 빼기
끓는 물에 소금을 약간 넣고 두부가 약간 뜰 때까지만 데쳐요. 데친 두부는 행주에 싸서 무거운 그릇을 올려놓고 체에 받치면 물기가 아주 잘 빠져요.

재료 손질하기
쑥갓은 1cm 길이로 다지고, 장마는 뿌리를 직화로 구운 다음 강판에 갈아요.

반죽하기
❶의 두부를 으깨서 ❷와 소금을 넣고 크림 상태가 될 때까지 잘 섞어요.

모양 만들기
김을 세로로 4등분한 후 ❸을 잘 말아요. 김 끝부분은 통밀가루를 푼 물을 바르면 잘 붙어요.

밀가루 묻히기
표면에 통밀가루를 묻혀요.

튀기기
180도 기름에 바삭바삭하게 튀기면 완성이에요.

완성!

★ Yuka's Health Tip
쑥갓은 녹황색채소로서 특히 성장기 어린이에게 중요한 칼슘과 철분이 많이 들어 있어요. 그 외에 대사에 도움을 주고 성장을 촉진하는 비타민 B1과 B2, 감기 예방과 탄력있는 피부를 만드는 비타민C와 카로틴, 칼슘 흡수에 필요한 마그네슘, 비만을 예방하는 식물섬유 등도 들어 있어요.

★ Yuka's Recipe Tip
마는 참마보다 수분이 적은 산마가 더욱 만들기 쉽고 촉감도 좋아요. 참마를 사용할 때는 수분량에 따라 통밀가루를 넣고 반죽 농도를 맞추세요.

★ 아이와 함께 해봐요~
마는 갈기 쉬운 근채예요. 아이에게 마를 강판에 가는 과정을 부탁해 보세요. 또 (3)번의 과정을 하도록 유도하세요. (1),(2),(6)의 과정은 엄마가, (3),(4),(5)의 과정은 아이가 맡아서 맛있는 요리를 만드세요.

제4장 엄마의 정성으로 자연을 가득 담은 국물 요리

합성첨가물, 인공조미료 없인 국 끓이기 힘든
엄마들을 위해 준비했답니다.
자연을 가득 담아 깊은 맛이 우러나는
마크로비오틱 국물 요리 비법으로 지금 당장 바꿔보세요.

국물이 끝내줘요~
볶음근채된장국

버섯이나 우엉, 당근은 따로 따로 먹기엔 조금 어려운 식재료예요.
이것들을 볶는 것만으로도 채소의 맛은 응축되고 맛국물이 없어도 맛있는 된장국이 완성됩니다.

재료(2인분)

대파 20g, 느타리버섯 30g, 우엉 20g, 당근 10g, 근대 15g, 미역 1g, 기름 1/2작은술, 물 2컵, 된장 1과1/2큰술

채소 썰기
대파 뿌리는 다지고 나머지는 비스듬히 썰어요. 느타리버섯은 손으로 찢어 두어요. 우엉은 연필을 깎듯이 채 썰고, 당근은 비스듬히 얇게 썬 후 4등분해서 잘라요.

근대 삶기
근대를 삶아 놓아요(근대참깨무침 참고, 57p).

채소 볶기
냄비에 기름을 두르고 ❶의 재료들을 볶아요.

국 끓이기
❸에 미역을 넣고 물을 반만 부어요. 뚜껑을 덮고 끓이다가 남은 물을 천천히 더 넣어요. ❷를 3cm 길이로 잘라서 넣고 한번 끓여요.

물을 조금씩 나누어서 넣으면 채소의 맛이 우러나요.

된장 국물 넣기
양념절구에 된장을 갈고 끓인 국물을 넣어서 더 갈아요. 그것을 냄비에 넣으면 자연스럽게 섞여요.

완성!

★ Yuka's Health Tip

된장국은 현미밥과 같이 하루에 한 번은 꼭 먹기를 권해요. 된장국 건더기에 제철 채소와 해초를 넣어서 현미밥과 함께 먹으면 우리 몸에 필요한 거의 모든 영양소를 섭취할 수 있어요. 뿐만 아니라 된장에 포함된 효소에는 음식을 분해, 소화하는 효과가 있어서 체내에서 대사를 촉진하거나 과산화지질의 증가를 막는 효과도 있어요.

★ Yuka's Recipe Tip

건더기에는 제철 채소, 해초 등 3종류 이상 들어가면 좋아요. 지상에서 자란 채소, 땅 속에서 자란 채소가 골고루 들어가면 음식의 균형이 맞고, 두부, 유부, 곡물 등을 넣어도 영양가가 높아져 더욱 좋아요.

★ 아이와 함께 해봐요~

불 앞에서는 매우 조심해야 한다는 교육을 제대로 해보는 건 어떨까요. 불 앞에선 아이도 진지해지지 않을까요. 우선 가스 기를 아이 배꼽 높이로 낮추고 손잡이는 뜨겁지 않게 행주로 잡아요. 한 손으로 손잡이를, 또 다른 한 손으로 나무 주걱을 잡고 볶는 과정을 엄마가 옆에서 지켜보면서 아이가 직접 경험하게 해보세요.

양상추의 변신은 무죄
양상추수프

양상추수프에 찰보리를 더해 끓여주세요. 끓이는 시간에 따라
클리어수프, 크리미수프, 양상추스튜 등 다양한 종류의 국물요리를 즐길 수 있답니다.

재료(4인분)

찰보리 2큰술, 느타리버섯 45g(1/4개), 샐러리 20g(1/2개), 양파 50g(1/4개), 당근 20g(2cm), 올리브오일 1/2큰술, 월계수 잎 1장, 소금 1작은술, 물 4컵, 양상추 잎 2장

찰보리 씻어두기
찰보리는 씻고 물기를 빼두어요.

채소 볶기
느타리버섯, 샐러리, 양파, 당근은 모두 잘게 다져서, 올리브오일을 두른 팬에 순서대로 볶아요.

수프 끓이기
❷를 넣은 냄비에 찰보리를 넣은 후 월계수 잎을 넣고 뜨거운 물을 천천히 부으면서 끓여요. 20분 정도 더 끓여서 소금으로 간을 해요.

양상추 찢어 넣기
먹기 직전에 양상추를 손으로 찢어서 넣어요.

완성!

★ Yuka's Health Tip

양상추에는 정신 안정, 안면, 변비 예방, 빈혈 예방 등에 효과가 있는 성분이 들어 있어요. 바로 폴리페놀의 1종인 락투코피크린, 식물섬유, 비타민E, 비타민C, 철분이죠. 생으로 먹는 것보다 살짝 가열해서 먹으면 떫은맛이 없어지고 단맛이 강해져요. 열로 인한 영양분 파괴를 막으려면 먹기 직전에 뜨거운 국에 넣어서 드세요.

★ Yuka's Recipe Tip

양상추는 칼로 자르면 단면의 색이 변해버리니 손으로 찢어서 넣으세요. 시간이 지나면 찰보리에서 끈적거리는 성분이 나와 크리미한 수프로 즐길 수 있어요. 무더운 여름에는 양상추를 넣는 타이밍에 샐러리를 넣으면 또 다른 맛이 나요. 찰보리 외에 압맥, 소맥, 오트밀 등 다른 보리 종류나 기장, 차조 등 여러 잡곡을 대신 사용해도 좋아요.

★ 아이와 함께 해봐요~

양상추를 손으로 찢어 넣는 과정을 아이와 함께해보세요!

옥수수와 양파가 사르르르

옥수수양파수프

끓이면 끓일수록 단맛이 배어나는 양파.
양파와 옥수수가 섞여 채소가 가진 달고 부드러운 맛을 십분 살린 요리입니다.

재료(4인분)
양파 100g(1/2개), 유채꽃씨유 1작은술, 소금 1/4작은술, 캔 옥수수 100g, 두유 4컵, 소금 1/4작은술
[토핑] 파슬리 약간, 캔 옥수수 1큰술

01 다진 양파 볶기
양파는 잘게 다져요. 냄비에 기름을 두르고 양파를 볶아요. 양파에 소금을 뿌려서 달콤한 냄새가 날 때까지 계속 볶아요.

이정도 색이 되면 달콤한 냄새가 나기 시작해요.

02 양파와 옥수수 갈기
볶은 양파와 옥수수를 넣고 블렌더로 갈아요.

03 수프 끓이기
❷를 냄비에 넣고 끓이다가 두유를 넣어요. 약한 불로 가열하다가 가장자리에 작은 거품이 생기기 시작하면 불을 꺼요.

04 토핑하기
다진 파슬리와 옥수수를 토핑하면 완성이에요.

완성!

★ Yuka's Health Tip

옥수수의 주성분은 탄수화물이며 당분도 들어 있어요. 옥수수는 여름철 음식이어서 몸을 식히는 효과가 있어요. 당분은 흡수가 잘 되어 여름철 영양 보급과 피로 해소에 좋아요. 캔 옥수수를 사용하는 경우에는 설탕이 들어가지 않은 것을 선택하세요. 마크로비오틱에서는 스위트콘은 채소로 보지만 찰옥수수는 곡물로 분류해요.

★ Yuka's Recipe Tip

캔 옥수수와 두유는 설탕이 첨가되지 않은 제품을 선택하세요. 농도가 진한 경우에는 두유에 다시마 맛국물을 섞어서 취향에 맞게 조절하시면 돼요.

★ 아이와 함께 해봐요~

아이에게는 마무리 작업, 토핑을 부탁하세요. 옥수수를 얹고 파슬리는 잘게 찢어서 얹도록 알려주세요.

이렇게 먹어볼까, 저렇게 먹어볼까
낫토청국장

청국장의 냄새를 싫어하는 아이들이 있는데요.
싫어하니까 단순히 안 주고 마는 것은 아이들의 식습관에 좋지 않아요.
다른 시간, 다른 장소에서 다른 방법으로 먹도록 권유해보세요.

재료(4인분)
배추김치 200g, 대파 50g(1/2개), 낫토 100g(2팩), 참기름 2작은술,
된장 2작은술, 물 4컵

01 배추김치와 대파 썰기
배추김치는 물로 헹궈서 물기를 뺀 후 1cm 너비로 잘라요. 대파는 비스듬하게 얇게 썰어요. 뿌리도 다져요.

02 낫토 된장 섞기
낫토와 된장을 합쳐서 섞어두어요.

03 대파와 김치 볶기
냄비에 참기름을 두르고 대파를 볶다가 김치를 넣고 같이 볶아요.

04 끓이기
물을 붓고 끓으면 ❷를 넣고 된장이 풀어지게 잘 섞어요.

완성!

★ **Yuka's Health Tip**

단백질이 풍부한 발효식품인 낫토, 성장기아이에게 아주 좋은 영양 식품이에요. 필수 아미노산이 들어 있고, 피부나 머리카락, 눈에 좋은 비타민B2가 특히 많이 들어 있으며, 칼슘, 마그네슘 등 미네랄 성분도 있어요. 실처럼 끈적거리는 낫토균은 장내 환경을 개선시켜서 변비에 좋고 유해물질을 흡착하고 배출하기 때문에 간장 기능도 도와줘요.

★ **Yuka's Recipe Tip**

낫토를 넣은 후에 불을 끄세요. 오래 끓이면 낫토균이 죽거든요. 어린 아이들에게는 김치의 고추가 자극적으로 다가올 수 있으므로 물에 씻어서 사용하세요.

★ **아이와 함께 해보아요~**

요리하는 것뿐 아니라 설거지도 아이와 함께 해보세요. 물놀이를 좋아하는 아이는 설거지도 재미있어 해요. 마크로비오틱 요리는 기름기가 적어서 물로만 헹궈도 깨끗해요. 아이가 닦은 접시를 옆에서 엄마가 헹구는 릴레이를 추천해요.

도레미파~콩나물 음표들이 모였네
콩나물국

콩나물의 비릿한 맛과 질긴 식감 때문에 기피하는 아이가 있다면,
담백한 마크로비오틱식 콩나물국을 끓여주세요.

재료(4인분)

콩나물 300g, 물 4컵, 소금 1과1/3작은술, 미역 1g, 쪽파 약간

콩나물 삶기
냄비에 콩나물을 넣고 물을 부은 후 뚜껑을 덮고 20분 정도 삶아요. 끓이는 중간에 뚜껑을 열면 비린내가 나므로 도중에 열지 마세요.

소금으로 간하기
콩나물의 머리 부분이 부드러워지면 미역과 소금을 넣고 간을 해요. 다진 쪽파로 토핑하면 완성이에요.

★ Yuka's Health Tip

콩나물은 숙주나물에 비해 단백질이 풍부하며 아미노산이 들어있어 맛이 좋아요. 비만 예방에 뛰어난 비타민B2가 대두보다 많이 들어 있으며 체내 흡수도 잘됩니다. 위장과 대장에 활동을 도와줄 뿐만 아니라 열량이 낮아 다이어트에도 좋아요.

★ Yuka's Recipe Tip

콩에서 달콤한 냄새가 날 때까지 푹 삶아요. 삶는 중간에 뚜껑을 열면 비린내가 나니 뚜껑을 열지 말고 삶아요. 뚜껑이 없거나 중간에 열어야 되는 경우에는 아예 처음부터 뚜껑을 덮지 말고 삶으세요.

★ 아이와 함께 해봐요~

"우리집 주방장님은 입맛에 맞으시나요?"
우리집 주방장님은 바로 아이죠! 집에서 가장 심겁게 먹어야 되는 아이에게 간이 맞는지를 확인해달라고 물어보는 거죠. 단, 아이가 너무 많은 소금이나 간장을 넣을 가능성이 있으니, 체크만 부탁해야 돼요.

오들오들 몸이 추워요
아삭아삭간장국

땅속에서 자라는 근채는 양성이 강해 몸을 데워주는 데 그만입니다.
한여름 찬물에서 놀고 온 아이에게, 추운 겨울 감기로 앓는 아이에게 근채간장국을 끓여주세요.

재료(4인분)

우엉 60g, 무 60g, 당근 40g, 곤약 1/4장, 마 60g, 대파 30g(1/2개), 두부(부침용) 1/2모, 밀린 표고버섯 2개, 참기름 2작은술, 소금 1/4큰술, 물 4컵, 간장 2작은술

01 채소 썰기
우엉은 연필 깎기, 무와 당근을 4~6등분하고 5mm 두께로 잘라요. 이때 무 크기는 당근 크기에 맞춰요.

02 곤약 비린내 없애기
곤약은 소금(분량 외)으로 세게 비빈 후 물로 헹궈서 끓는 물에 4~5분간 삶은 후 크기 1x3cm로 얇게 썰어요.

이렇게하면 마의 끈기가 없어져요.

03 마와 대파 준비하기
마는 5mm 두께로 자른 후 소금(분량 외)으로 비벼서 물로 헹궈요. 대파는 파란 부분과 흰 부분을 각각 얇게 썰어요.

04 두부와 버섯 준비하기
두부는 물기를 빼두어요. 불린 표고버섯은 물에 불려서 반으로 자른 다음 부채꼴 모양으로 잘라요.

05 채소 볶기
냄비에 참기름을 두르고 우선 우엉, 곤약, 마, 버섯을 볶은 뒤 대파의 푸른 부분, 흰 부분, 무를 넣고 볶아요. 소금을 넣고 간을 맞춘 후 당근도 같이 볶아요.

06 두부 으깨서 넣기
물을 붓고 채소가 익을 때까지 조린 후 두부를 으깨서 넣고 간장으로 간을 해요.

완성!

★ Yuka's Health Tip
채소 껍질은 기온 변화나 벌레로부터 알맹이를 지키는 역할을 하는데, 그런 껍질에 영양성분이 집중되어 있어요. 예를 들어 고구마 껍질에는 식물섬유, 칼슘, 철분, 마그네슘이 풍부하고, 양배추의 가장 겉잎에 카로틴이 가장 많이 들어 있어요. 그래서 딱딱한 껍질 부분도 버리면 안돼요. 볶아서 조리하면 부드러워지므로 먹기도 편하고 맛도 좋아요.

★ Yuka's Recipe Tip
두부의 물기를 잘 빼두면 으깨서 국에 넣을 때 국물이 지저분하지 않아요. 마 대신 토란을 넣어도 좋아요!

★ 아이와 함께 해봐요~
두부를 으깨는 과정을 아이에게 부탁하세요. 두부의 감촉을 느끼면서 즐겁게 요리에 참가할 수 있어요. 아이 손 크기에 맞게 두부를 준비해주세요.

고소한 곡물이 가득
진미된장국

갈아 넣은 마와 미숫가루가 들어가 진한 맛이 깊게 스며든 된장국이에요.
눈에 보이지 않는 영양이 고스란히 담겨져 있답니다.

재료(4인분)
양파 60g, 단호박 120g, 당근 40g, 물 4컵, 미숫가루 3작은술, 된장 1과 1/2작은술, 장마 또는 산마 40g

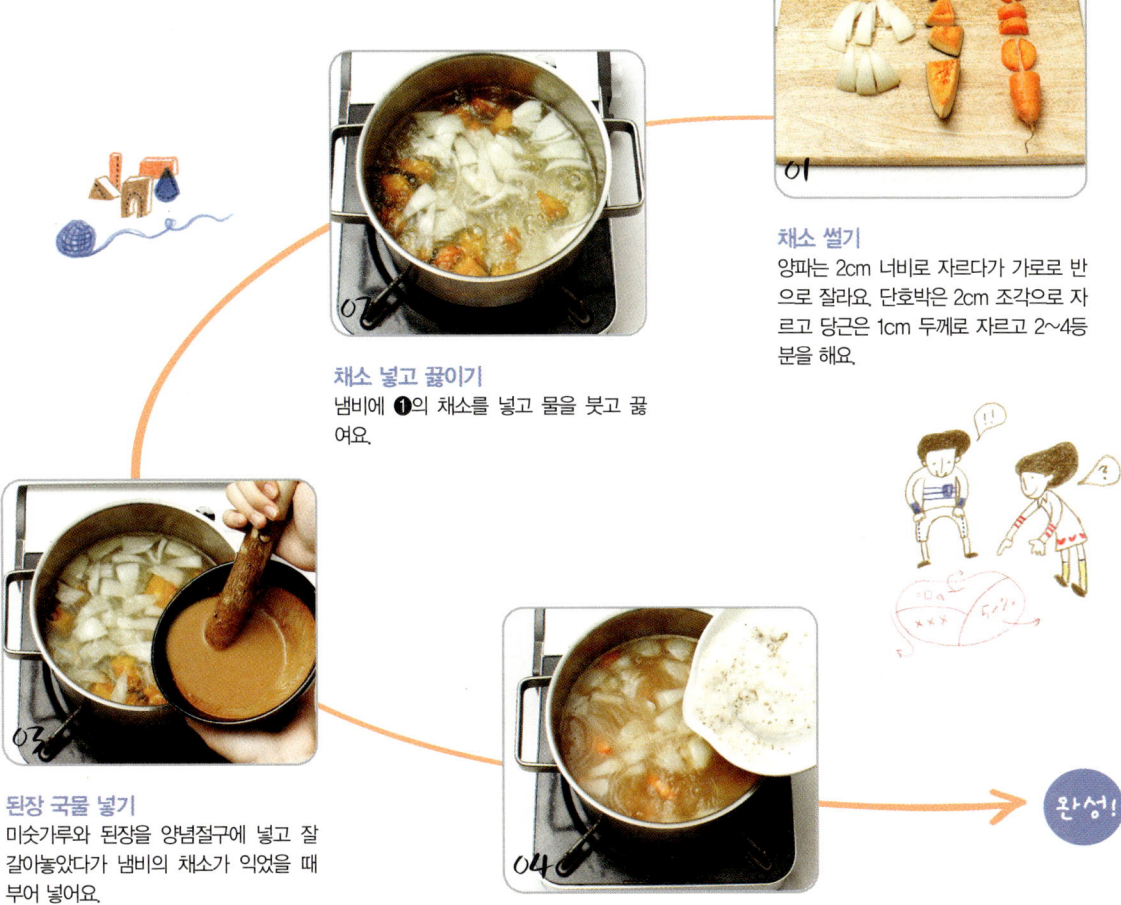

채소 썰기
양파는 2cm 너비로 자르다가 가로로 반으로 잘라요. 단호박은 2cm 조각으로 자르고 당근은 1cm 두께로 자르고 2~4등분을 해요.

채소 넣고 끓이기
냄비에 ❶의 채소를 넣고 물을 붓고 끓여요.

된장 국물 넣기
미숫가루와 된장을 양념절구에 넣고 잘 갈아놓았다가 냄비의 채소가 익었을 때 부어 넣어요.

간 마 넣기
마지막에 마를 강판에 갈고 ❸에 넣어요.

완성!

★ Yuka's Health Tip

미숫가루는 여러 곡물이나 콩을 볶아서 가루로 만든 음식이에요. 곡물 중심으로 먹기를 권하는 마크로비오틱에 잘 맞는 식품이에요. 단, 가공하는 과정에서 산화가 시작되기 때문에 보관을 잘하고 빨리 먹는 것이 좋아요. 마와 같이 먹으면 곡물의 소화를 도와주고 영양분도 잘 흡수돼요.

★ Yuka's Recipe Tip

미숫가루는 잘 녹도록 된장에 섞어서 국에 부어요. 마는 먹기 직전에 부어야 소화효소가 없어지지 않아요.
국에 장마를 넣으면 국물과 잘 섞이고, 산마를 넣으면 치즈처럼 덩어리져요. 취향에 따라 좋아하는 타입의 마를 골라 넣으세요.

★ 아이와 함께 해봐요~

마는 채소 중에서 가장 힘들이지 않고 갈 수 있는 종류죠. 아이한테 마를 갈아달라고 부탁해볼까요? 단, 민감한 아이는 손이 가려운 증상이 생길 수도 있는데, 식초 물에 손을 적시면 증상이 좋아지니 너무 걱정 마세요. 마지막 부분을 갈다가 강판에 손을 긁지 않도록 옆에서 지켜봐 주세요.

후~후~ 불어 먹어요

채소가득 두유스튜

부드러운 두유의 풍미가 매력적인 근채두유스튜!
우유를 먹으면 배탈이 나는 아이들도 걱정 없이 먹을 수 있어요.

재료(4인분)

브로콜리 100g, 새송이버섯 60g(1개), 양파 50g, 참마 또는 산마 50g, 연근 50g, 당근 50g, 우엉 50g, 다시마 5×5cm 1장, 물 4컵, 소금 1작은술, 찹쌀가루 3큰술, 두유 2컵

01 브로콜리 삶아두기
브로콜리는 줄기 부분은 1cm 조각으로 자르고, 봉오리 부분은 한입 크기로 잘라요. 끓는 물에 소금을 약간 넣고 삶아두어요. 물로 헹구지 말고 체에 건져 그대로 식혀요.

02 채소 썰기
버섯, 양파, 마, 연근, 당근, 우엉은 각각 1cm 조각으로 잘라 두어요.

03 채소 넣고 끓이기
냄비에 가위로 잘게 자른 다시마를 깔고, ❷의 채소를 순서대로 넣어요. 물을 부어서 끓으면 소금을 넣어요.

04 찹쌀가루 넣기
찹쌀가루를 같은 양의 물로 녹이고, 끈적끈적한 상태로 만들어서 ❸의 냄비에 잘 섞어요.

05 두유 넣기
다른 냄비에 따로 데워둔 두유를 넣고 소금으로 간을 해요.

06 브로콜리 장식하기
❶을 이용해서 예쁘게 장식해요.

완성!

★ Yuka's Health Tip

두유는 우유에 비해서 지방분이 낮고 소화도 잘 돼요. 또 성장기 어린이에게 중요한 철분이 많이 들어 있어요. 그래도 두유에는 몸을 식히는 성질이 있어서 과음은 오히려 몸의 저항력을 떨어뜨릴 수 있어요. 따라서 몸을 데우는 근채류와 같이 조리하고 데워서 먹어야 몸에 부담을 줄일 수 있어요.

★ Yuka's Recipe Tip

두유는 끓이면 대두의 단백질 성분이 응고되어 덩어리져서 보기가 좋지 않아요. 다른 냄비에 두유를 데운 후 끓인 국에 넣는 게 좋아요.

★ 아이와 함께 해봐요~

엄마가 손질한 채소를 이름을 확인하면서 냄비에 넣게 해보세요. "마를 넣어주세요"라고 하면, 과연 아이는 마가 어느 채소인지 맞출 수 있을까요?

제5장

특별한 내 아이에게 만들어주고픈
마크로비오틱 별미

톳, 율무, 단호박... 건강에 좋은 건 알지만 어떻게 요리할지 모르셨다고요?
특별한 재료로 만든 특별한 요리! 내 아이를 위해 만들어주세요.
인기만점 엄마가 될 수 있는 최고의 비결이랍니다.

옥수수에 한바탕 뒹구르르
옥수수경단찜

한입에 넣기 좋은 경단은 아이들이 좋아하는 간식이죠.
옥수수의 단맛이 잘 어우러져 아이들이 매일 먹고 싶어 하는 요리입니다.

재료(12개분)
연근 280g, 말린 표고버섯 2개, 대파 20g, 소금 1/4작은술, 오트밀 4큰술, 전분 적당량, 캔 옥수수 180g, 파슬리 약간
[곁들인 채소] 청경채 4포기, 소금 약간, 참기름 약간

연근과 채소 다지기
연근은 강판으로 갈고, 갈다가 조금 남은 연근은 다져요. 표고버섯은 물에 불려서 다지고, 대파도 뿌리째 다져놓아요.

연근과 채소 섞기
연근의 물기를 가볍게 짜서 다진 채소와 소금, 오트밀을 합쳐서 같이 잘 섞어요. 뺀 즙은 놔둬요.

경단 만들기
오트밀이 부드러워지면 12등분해서 동그랗게 경단 모양을 만들어요.

옥수수 묻히기
전분을 묻힌 다음 표면에 옥수수를 붙여요. 양손으로 꼬옥 눌러주면서 만들어야 옥수수가 잘 붙어요. 김이 올라오는 찜통에 20분 정도 쪄요.

소스 만들기
냄비에 ❷에서 짠 연근즙에 조금씩 물을 넣고 섞으면서 끓여요. 끈기가 생기면 소금(분량 외)으로 간을 하고 다진 파슬리를 넣고 소스를 만들어요.

청경채 데치기
냄비에 물을 끓여서 소금과 참기름을 넣고 청경채를 살짝 데쳐요. 체에 밭쳐서 그대로 식혀요. 꼭지 부분에 칼질을 넣고 손으로 찢어 경단에 곁들여요.

완성!

★ Yuka's Health Tip
찌기는 재료의 영양분 손실이 적고 기름을 사용하지 않아 건강한 조리법이에요. 모양이 망가지거나 재료가 타는 일도 없고 균형 있게 가열할 수 있다는 특징이 있죠. 식품이 가지고 있는 수분을 수증기로 변화시켜 푹신푹신 익히는 조리법은 특히 수분 섭취가 많이 필요한 아이들에게 더 없이 좋은 조리법이에요.

★ Yuka's Recipe Tip
연근즙에는 영양분이 가득 들어 있어요. 소스에 사용하거나 연근탕을 만들어도 좋아요. 연근탕을 만들 때는 물과 약간의 생강즙, 소금을 넣고 가열하다가 끓기 직전에 불을 끄면 돼요. 기관지염이나 천식, 기침, 가래, 비염, 목감기 등에 효과가 있어요.

★ 아이와 함께 해봐요~
찌는 요리는 아이랑 안전하게 함께 할 수 있어 더욱 좋아요. 경단에 옥수수를 묻히는 과정을 함께 해보세요.

반죽을 주물럭 주물럭
율무파이

통통한 율무를 한입 가득 베어 물면
구수하고 향긋한 맛의 재미, 씹는 재미로 입안이 즐거워질 거예요.

재료(5개분)

[파이] 통밀가루 1/2컵, 백밀가루 1/2컵, 소금 약간, 기름 3큰술, 두유(또는 물) 3큰술 **[소]** 새송이버섯 15g(1/4개), 양파 50g(1/4개), 연근 25g(1cm), 당근 10g(5mm), 대파 7g(1/2개), 기름 1작은술, 소금 약간, 율무(지은 것) 75g(1/2컵), 물 1/4컵, 카레파우더 1/4작은술, 된장 1/2큰술, 간장 1작은술, 조청 약간, 지은 율무 2컵

01 반죽 만들기
볼에 통밀가루, 백밀가루, 소금을 넣고 섞어요. 기름을 넣고 덩어리가 없어지도록 양손으로 잘 비벼요.

02 반죽 숙성시키기
두유를 넣고 주걱으로 자르듯이 섞어요. 덩어리 상태를 만들고 봉투에 넣어서 냉장고에서 30분 정도 놔둬요.

03 소 만들기
소를 만들어요. 새송이버섯과 양파는 1cm 조각으로 다지고, 연근과 당근은 얇게 썰고, 대파는 채 썰어요.

04 채소 조리기
냄비에 기름을 넣고 버섯을 볶아서 소금을 뿌린 후, 대파를 볶고 양파를 넣고 볶다가 연근, 당근, 율무 순으로 얹어서 물을 넣고 뚜껑을 덮어 조려요.

05 모양 만들기
물기가 없어지면 된장, 간장, 카레 파우더를 넣어서 잘 섞어요. 파이 반죽을 5등분하고 덧가루를 입히면서 밀대로 두께 3mm 정도로 넓게 펴요. 소를 얹어 싸고 테두리를 포크로 눌러요.

표면이 노릇해지도록 15분간 구워내요

파이 굽기
겉에는 조청을 바르고 180도로 예열한 오븐에서 15분간 구우면 완성이에요.

완성!

★ Yuka's Health Tip
율무는 피부에 좋은 식품이에요. 아토피나 뾰루지를 없애주는 효과도 있죠. 곡물 중에서도 크기가 큰 율무는 음성 에너지를 가지고 있어서 아이들의 기운과 잘 맞는 곡물이에요. 현미에 율무를 섞어서 찌면 더 단맛이 나서 아이들이 잘 먹어요.

★ Yuka's Recipe Tip
카레 파우더 없이 된장만 넣어도 맛있어요. 노릇노릇하게 보이고 싶으면 조청을 발라보세요.

》 율무 짓는 법
율무는 깨끗이 씻어 냄비에 물, 소금과 같이 넣고 중간불로 끓여요. 끓으면 아주 약한 불로 20분간 지은 후 10분간 뜸 들여요.

★ 아이와 함께 해봐요~
반죽을 넓게 펴주면 아이들도 쉽게 모양을 만들 수 있어요!

요걸 먹을까, 저걸 먹을까
내맘대로초밥

내맘대로초밥은 여러 재료를 얹거나 섞어서 먹는 초밥이에요.
다양한 색깔 중 아이들이 직접 골라 먹는 재미가 있답니다.

재료(4인분)

[현미 초밥] 현미밥 500g(4공기), 말린 표고버섯 2개, 무말랭이 5g(10개), 우엉 40g(20cm), 유부 2장, 건포도 20g(2큰술), 식초 2/3큰술, 간장 1과2/3큰술 [생강 홍절임] 생강 8g(1조각), 소금 약간, 물 적당량, 비트 5g [연근 절임] 연근 50g, 말린 감 1개, 소금 1/4작은술, 식초 1/2작은술, 물 1/2컵 [스크램블 두부] 두부(부침용) 1/4모, 기름 1/2작은술, 소금 약간, 강황 약간 [기타] 당근 45g, 소금 약간, 새싹채소 적당량

채소 준비하기
말린 표고버섯과 무말랭이는 물에 불린 후 버섯은 반으로 잘라 부채꼴 모양으로 자르고, 무말랭이는 1cm 길이로 잘라요. 우엉은 연필 깎기 해요. 건포도는 다지고, 유부는 기름기를 뺀 후 채 썰어요.

채소 조리기
냄비에 모든 채소를 넣고 재료가 잠길 정도의 물과 간장 1큰술을 넣어서 조려요. 물기가 거의 없어지면 남은 간장과 현미식초를 넣고 섞어서 물기가 없어질 때까지 조려요. 그 후 현미밥에 섞어요.

생강 홍절임 만들기
생강과 비트는 채 썰어 냄비에 넣은 후 물을 재료가 잠길 정도로 붓고 소금을 넣어서 생강이 홍색이 될 때까지 끓여요.

자세한 요리법은 239쪽을 참고하세요.

연근 절임 만들기
냄비에 채썬 감과 물, 식초, 소금을 넣고 한번 끓이고, 얇게 썰어놓은 연근을 넣고 조려요.

스크램블 두부 만들기
물기 뺀 두부를 코팅팬에 으깨면서 볶다가 소금과 강황을 넣고 섞어요.

당근과 새싹채소 준비하기
끓는 물에 소금을 넣고 데친 당근은 모양을 내고 남은 부분은 얇게 썰어요. 새싹채소는 씻어서 물기를 빼두어요. ❷에 준비한 재료로 장식을 해요.

완성!

★ Yuka's Health Tip

마크로비오틱에는 음양오행의 기본 이론이 있어요. 그래서 음식물의 맛, 성질, 색상도 다섯 가지로 분류해서 각 효능이나 궁합, 효과, 내장 기능과의 관계 등을 고려해서 건강 상태, 체질, 계절에 맞게 요리를 해요. 비빔밥처럼 파란색은 채소, 빨간색은 생강, 녹색은 두부나 당근, 흰색은 연근, 검은색으로 김을 추가하면 영양 밸런스도 모양도 좋아져요.

★ Yuka's Recipe Tip

밥에는 톳을 조려서 섞어도 좋고 당근, 연근을 넣어도 좋아요. 건포도에는 방부 효과가 있어서 밥이 썩는 것을 막고 또 부드러움을 유지하는 효과도 있어요

★ 아이와 함께 해봐요~

밥을 컵에 넣고 뒤집어서 장식하는 것을 아이와 함께 해보세요.

크로켓 꽃이 피었습니다
두부크로켓

바삭바삭 크로켓 안에 뽀얀 두부 속살.
어렵지 않게 두부를 접할 수 있어 더욱 좋은 마크로비오틱 요리입니다.

재료(8개분)
두부(부침용) 1모, 캔 옥수수 40g, 전분 1과1/2큰술, 통밀가루 적당량, 빵가루 적당량, 튀김유 적당량, 당근케첩 적당량, 파슬리 약간

반죽 만들기
물기를 뺀 두부를 으깬 후 옥수수와 전분을 넣고 섞어요.

삼각 모양 만들기
❶을 8등분해서 삼각 모양을 만들어요.

튀김옷 입히기
❷에서 남은 통밀가루에 물을 섞어 걸쭉한 밀가루 액을 만들어요. ❷를 밀가루 액에 묻힌 후 빵가루를 입혀요.

튀기기
180도로 가열한 튀김유에 고소하게 튀겨 당근케첩과 다진 파슬리를 곁들여요.

완성!

★ Yuka's Health Tip

빵가루를 고를 때도 원재료 표시를 잘 확인하세요. 일반 빵가루에는 쇼트닝이나 이스트의 영양분으로서 첨가물이 들어가 있는 경우가 많아요. 밀가루와 효모, 소금으로 만든 것이 가장 좋아요. 순한 빵가루를 구입하기 어려우면 질이 좋은 빵을 푸드 프로세서로 갈아서 사용하면 맛도 더욱 좋아요.

★ Yuka's Recipe Tip

두부에 물기가 많으면 모양 만들기가 어려워요. 그럴 때는 두부에 빵가루를 섞어서 수분 양을 조절해보세요. 당근케첩에는 취향에 따라 버섯이나 양파를 섞어도 맛있어요. 기름으로 볶은 후, 케첩 재료를 넣고 끓이면 돼요.

★ 아이와 함께 해봐요~

반죽을 잘 섞어서 아이에게 좋아하는 모양대로 만들어 보게 해보세요.

깐쇼새우에 새우가 없다?
집나간 깐쇼새우

새우가 없는데 새우 맛이 난다? 얼린 곤약의 놀라운 변신!
한입 먹어보면 깜짝 놀랄 거예요.

재료(2인분)
곤약 100g(1/2모), 간장 2작은술, 전분 2큰술, 통밀가루 1큰술, 튀김유 적당량, 마늘 1조각, 양파 100g(1/2개), 참기름 1작은술, 대파 약간
[양념소스] 토마토 주스 1/2컵, 조청 1큰술, 식초 2작은술, 소금 1/4작은술

곤약 냄새 없애기
곤약은 한번 냉동을 시켰다가 해동한 후 끓는 물에 삶아서 냄새를 없애요.

곤약 밑간하기
❶을 3cm×1cm×1cm로 자르고 물기를 짠 후 간장으로 비벼서 밑간을 해요.

곤약 튀기기
전분과 밀가루를 섞어 만들어놓은 튀김옷을 입혀 180도 기름으로 튀겨요.

마늘과 양파 다지기
마늘과 양파는 잘게 다져요.

마늘과 양파 볶기
팬에 참기름을 두르고 마늘, 양파를 볶다가 양념소스를 넣고 같이 끓여요.

다진 대파 토핑하기
❸을 넣고 가볍게 섞은 후, 다진 대파를 토핑해요.

완성!

★ Yuka's Health Tip
곤약은 대부분 수분으로 되어 있어요. 그래서 다이어트에 좋고, 사람의 소화효소로서는 분해를 못하는 식물섬유를 포함하기 때문에 변비 해소에 탁월한 효과가 있어요. 곤약은 몸속에 쌓여 있는 노폐물이나 독소를 밖으로 배출시켜주는 역할도 한답니다.

★ Yuka's Recipe Tip

곤약을 한번 냉동시키면 수분이 빠져나가고 섬유질이 남아요. 그 섬유질의 촉감이 마치 새우와 비슷해요. 어른들 입맛을 위해 풋고추를 다져 넣거나 양념소스에 고추장을 넣어 매콤한 맛을 내도 맛있어요. 남은 소스는 케첩처럼 요리에 얹어서 사용하면 어떤 요리든 잘 어울려요.

★ 아이와 함께 해봐요~
식사를 할 때 "잘 먹겠습니다" 또 끝났을 때 "잘 먹었습니다"라고 아이가 제대로 인사를 하나요? 그 인사는 우리가 음식을 먹게 되기까지 고생한 수많은 사람들에 대한 감사의 표시죠. 또 인사를 함으로써 자기 몸도 음식을 받을 준비가 되고, 마지막 인사를 하면서 소화도 하게 되죠. 꼭 인사하는 습관을 어렸을 때부터 길러주세요.

수제비 모양이 재밌어
호박두유수제비

'수제비=하얗고 얇은 반죽'의 틀을 깬 재밌는 요리!
색깔도 모양도 특별한 호박두유수제비는 아이의 상상력을 자극해준답니다.

재료(4인분)
단호박 150g, 느타리버섯 50g, 양파 50g, 통 밀가루 110g(1컵), 소금 1/4작은술, 기름 1작은술, 두유 1과 1/2컵, 소금 1/2작은술
[토핑] 구운 샐러리 약간

채소 썰기
호박은 2cm 조각으로 자르고, 느타리버섯은 손으로 찢고, 양파는 얇게 썰어요.

반죽하기
호박은 찜통에 쪄서 익히고, 뜨거울 때 껍질째 통밀가루와 소금을 넣은 볼에 으깨면서 반죽해요.

수제비 모양 만들기
덧밀가루를 뿌려놓은 도마에서 좋아하는 모양을 만들어요.

수제비 삶기
끓는 물에 ❸을 넣고 물에 뜨면 2~3분 그대로 삶아서 차가운 물에 밭쳐요.

버섯과 양파 볶기
팬에 기름을 두르고 느타리버섯과 양파를 볶아요.

두유 넣고 데우기
두유와 ❹를 넣고 한번 데워서 소금으로 간을 해요.

완성!

★ Yuka's Health Tip

성장기 아이들에게는 약간 가벼운 기운(마크로비오틱으로 말하면 음성)을 가진 음식이 좋아요. 늘 현미밥(중용)을 먹으면 좀 무겁고 부담이 될 수 있어요. 그래서 가끔씩 분식을 해주는 것도 좋아요. 베이킹보다는 조리거나 찐 요리가 더욱 몸에 부드러워요. 밀가루에 다른 식재료를 섞는 것이 촉감도 좋고 대사도 잘 되고 영양가도 높아요.

★ Yuka's Recipe Tip

밀가루 반죽을 할 때는 찐 호박에서 나온 수분으로 해요. 처음에는 모자란 듯싶다 할 정도여도 계속 반죽하면 한 덩어리가 돼요. 급하게 반죽 초기에 물을 넣어버리면 오히려 반죽이 질어져서 못 쓰게 되니 주의하세요.

★ 아이와 함께 해봐요~

반죽 하는 것이 약간 힘이 들지만 반죽이 되어가는 과정을 아이가 직접 해보거나 지켜보게 해봅세요. 아이 스스로 성취감을 느끼게 됩니다. 모양은 손으로 찢거나 틀을 사용하거나 아이가 좋아하는 방법으로 하면 더욱 재밌어하지요.

잔칫날이에요
숙주나물잡채

특별한 날이라면 늘 상에 오르는 음식 1위, 잡채! 고기가 없어 기름 때문에 굳을
염려도, 퍽퍽해질 걱정도 전혀 없는 마크로비오틱 잡채랍니다.

재료(4인분)
당면 100g, 아욱 30g, 소금 약간, 양파 40g, 당근 15g, 말린 표고버섯 1개, 우엉 20g, 유부 2장, 참기름 약간, 소금 약간, 간장 약간, 아욱 30g, 소금 약간, 숙주나물 50g
[양념장] 대파 10g, 마늘 1개(5g), 흰깨 1큰술, 간장 2큰술

당면 삶기
끓는 물에 당면을 삶아요. 체에 받쳐 헹군 후 물에 담가둬요.

1)의 물을 활용해서 아욱, 유부까지 손질하면 편해요!

아욱 삶기
끓는 물에 소금을 넣고 아욱을 살짝 삶아요. 물로 헹구지 말고 체에 받쳐 그대로 식혀요. 식으면 3cm 길이로 잘라요.

채소 썰기
양파, 당근은 채 썰고, 물에 불린 표고버섯의 기둥 부분은 찢어두고, 갓은 부채꼴로 채 썰어요. 우엉은 연필깎기, 유부는 채썰어요.

채소 볶기
먼저 팬에 참기름을 두르고 양파, 당근을 각각 볶아서 소금으로 간을 해요. 그 다음, 버섯, 우엉, 유부를 볶고 간장으로 간을 해요.

양념장 만들기
대파, 마늘은 다지고 흰 깨는 양념절구에 갈고 양념장 재료를 모두 합쳐서 잘 섞어요.

숙주나물 섞기
팬에 물기를 뺀 당면을 넣고 볶다가 ❺로 간을 한 후 숙주나물을 넣고 가볍게 섞어요. ❷와 ❹로 장식하면 완성이에요.

완성!

★ Yuka's Health Tip

아이들이 좋아하는 단맛과 촉감을 가진 당면. 잡채로 먹으면 다양한 채소와 함께 먹을 수 있지요. 단, 당면의 원재료인 고구마 전분에는 소화가 안 되는 성분이 들어 있어요. 그것이 대장에서 대장균의 영양성분으로 분해되면 탄산가스가 생겨서 과식하면 배가 부풀고 가스가 생기는 원인이 되죠.

★ Yuka's Recipe Tip

채소를 볶을 때 처음에는 소금만으로 간을 하는 양파, 당근을 볶다가 다음에 간장으로 간을 하는 버섯, 우엉, 유부를 볶으면 같은 팬을 사용해도 색이 지저분해지지 않아요.

★ 아이와 함께 해봐요~

모든 재료를 섞지 말고 아이한테 장식을 하게 하면 매우 잘 할 거예요. (6)을 접시에 담은 후 (4)를 이용하여 아이가 원하는 대로 예쁘게 장식하는 모습을 기대해 보세요.

샛노란 햄버거가 신기해
단호박버그

이제 100% 식물성, 단호박버그로 아이의 건강을 지켜주세요.

재료(4개분)
단호박 150g, 양파 20g, 소금 약간, 두부(부침용) 1/4모, 된장 1/2큰술, 빵가루 3큰술, 통밀가루(튀김옷 용) 적당량, 기름 1큰술

단호박과 두부 준비하기
단호박은 한입 크기로 자르고 소금을 뿌려 두어요. 두부는 물기를 빼요.

반죽 만들기
김이 올라오는 찜통에 단호박을 넣고 익힌 후 뜨거울 때 볼에 넣고 으깨요. 이것과 된장, 빵가루, 다진 양파와 으깬 두부를 넣은 후 섞어요.

햄버그 모양 만들기
햄버그 모양을 만들고 통밀가루를 살짝 묻혀요.

햄버그 굽기
기름을 두른 팬에 양면이 노릇노릇하게 구워요.

완성!

★ Yuka's Health Tip
양념에는 양성 기운이 강한 간장, 된장, 소금 등이 있고, 음성 기운이 강한 기름, 조청, 식초, 향신료 등이 있어요. 양성이 강한 양념은 채소나 버섯, 두부 등으로 음성 기운을 가진 식품을 완화시켜주고, 음성이 강한 양념은 주로 동물성 식품과 같이 사용하거나 가벼운 에너지를 넣고 싶을 때, 살균, 방부 등의 작용을 원할 때 사용해요.

★ Yuka's Recipe Tip
식어도 맛있으니 도시락 반찬으로 사용해도 좋고, 빵가루를 입혀서 크로켓을 만들어도 좋아요.

★ 아이와 함께 해봐요~
반죽을 만들고 모양을 내는 과정을 아이랑 같이 해보세요. 랩을 사용해서 모양을 만들면 손이 지저분해지지 않아요.

만두피 꽃잎, 옥수수 수술
꽃 모양 교자

만두피를 활용해 조금만 멋을 부리면 먹기 아까울 정도로 예쁜
꽃모양 교자가 완성됩니다.

재료(15개분)
배추 130g, 소금 1/2작은술, 말린 표고버섯 1개, 간장 1/2작은술, 부추 20g, 연근 60g, 간장 1작은술, 참기름 1/2작은술, 만두피 15장, 캔 옥수수 적당량, 참기름 2작은술, 뜨거운 물 1/4컵
[초간장] 간장 2작은술, 식초 1작은술

채소 썰기
배추는 잎 부분과 줄기 부분을 나누어서 채 썰고 소금을 뿌려 두어요. 불린 표고버섯은 반으로 자르고 부채꼴로 자른 후 간장을 넣고 비벼요. 부추는 1cm 길이로 잘라요. 연근은 강판으로 갈고 남은 부분은 다져요.

채소 섞기
배추의 물기를 짜고 ❶을 모두 합쳐 간장, 참기름을 넣고 잘 섞어요.

꽃모양 만들기
만두피에 ❷를 1큰술 정도 얹고 바깥 테두리에 물을 바르면서 꽃 모양으로 싸요. 교자 중앙에는 옥수수로 장식해요.

교자 굽기
팬에 참기름을 두르고 가열한 후 ❸을 서로 붙지 않게 넣어요. 밑 부분이 노릇노릇하게 될 때까지 구워요.

교자 찌기
뜨거운 물을 한 번에 넣은 후 바로 뚜껑을 덮고 물기가 없어질 때까지 쪄요. 이때 물이 튀니까 조심하세요.

수분 제거하기
뚜껑을 열고 수분이 완전히 없어지면 접시에 담아 초간장을 곁들여 먹어요.

완성!

★ Yuka's Health Tip
집에서 수제 만두피를 준비할 수 있으면 더욱 좋아요. 시중에 파는 만두피를 구입할 때는 밀가루와 소금, 정제수로 만든 것을 사용하세요! 맛있는 만두피를 준비할 수 있으면 초간장을 따로 찍어 먹지 않아도 만두피의 고소함과 달콤한 채소의 맛만으로도 아주 맛있어요.

★ Yuka's Recipe Tip
꽃 모양을 만든 후 잠시 뒤집어 놔두면 만두피가 자연스럽게 잘 붙어요. 구우면서 붓는 물은 꼭 뜨거운 물을 준비하세요. 붙지 않고 고소하게 구울 수 있는 포인트입니다. 그때 물이 튀니까 뚜껑으로 바로 덮으세요

★ 아이와 함께 해봐요~
꼭 꽃 모양이 아니더라도 아이랑 같이 마음대로 싸서 만두를 만들어 보세요.

양상추 배 타고 둥둥
타코라이스

입맛 없을 때 타코라이스를 만들어 먹으면 식욕을 돋우는 데 그만이죠.
빨강, 초록, 노랑. 색깔도 맛도 일품이에요.

재료(4인분)

새송이버섯 40g, 양파 50g(1/4개), 밀고기 100g, 통밀가루 1작은술,
기름 1큰술, 간장 1큰술, 당근 15g(슬라이스 2장), 양상추 적당량, 현미밥 적당량

밀고기와 채소 다지기
새송이버섯, 양파, 밀고기는 각각 다져요.

밀고기 준비하기
밀고기에 통밀가루를 묻혀둬요.

새송이버섯 볶기
팬에 기름 분량의 반을 넣고 새송이버섯과 양파를 볶아요.

밀고기와 채소 볶기
남은 기름을 더하고 ❷와 간장을 넣어서 같이 볶아요.

당근 찌기
당근은 얇게 자르고 찜통에서 쪄요.

양상추와 곁들이기
현미밥으로 볼을 만들고 ❹와 모양틀로 만든 ❺를 곁들여 양상추와 같이 먹어요.

완성!

★ Yuka's Health Tip

서양식 쌈밥이에요. 가끔은 쌈밥처럼 밥과 반찬류를 같이 먹을 수 있는 요리를 만들어 보세요. 현미밥만 먹는 것보다 훨씬 부담이 없고 양상추의 씹히는 식감 때문에 잘 씹게 되죠. 잘 씹으면 충치를 예방하는 것은 물론 뇌가 발달하고 기관지나 폐도 튼튼해져요.

★ Yuka's Recipe Tip

미트소스 스파게티에서 만든 소스를 얹어도 맛있어요.

★ 아이와함께해봐요~

아이와 함께 모양 틀을 사용해서 당근을 예쁜 모양으로 만들어보세요. 밥도 동글동글하게 만들면 재밌고 먹기도 편해요.

김밥처럼 생겼네
즉석초밥

좋아하는 재료를 넣고 김에 돌돌 말아 먹는 이 맛!
무순이랑 당근이랑, 유부랑 오이랑. 최고의 맛을 내는 환상의 짝꿍을 찾아보세요!

재료(4인분)

현미쌀 2컵, 물 2와 2/5컵, 소금 약간, 김밥용 김 4~6장 **[초밥초]** 식초 1큰술, 조청 1큰술, 소금 1/2작은술, 흰깨 1큰술 **[토핑]** 단호박 40g, 당근 20g, 양파 30g, 느타리버섯 30g, 오이 50g, 무 30g, 장마 30g, 순무 1/2팩, 쌈채소 적당량, 유부 2장, 만두피 2장 **[낫토 쌈장]** 낫토 1팩, 대파 10g, 마늘 5g(1/2개), 흰 깨 소금 1큰술, 간장 1큰술, 된장 1큰술, 고추장 1/2작은술, 참기름 1작은술

초밥초 섞기
현미밥이 뜨거울 때 초밥초의 재료를 합쳐서 잘 섞어요.

토핑 재료 준비1
단호박, 당근은 길이 4cm의 스틱 모양으로 잘라요. 양파는 슬라이스, 느타리버섯은 손으로 찢어서 모두 찜통에 넣고 쪄요.

토핑 재료 준비2
오이, 무, 마는 4cm 길이의 막대 모양으로 자르고 깻잎은 반으로 잘라요. 순무는 씻어서 물기를 빼둬요.

토핑 재료 준비3
유부를 1cm 너비로 길게 잘라 분량의 물 1큰술과 간장 1/2큰술을 넣고 물기가 없어질 때까지 조려요. 만두피는 튀겨서 한 입 크기로 쪼개서 준비해주세요.

낫토 쌈장 만들기
대파, 마늘은 잘게 다진 뒤 낫토 쌈장의 모든 재료를 합쳐서 잘 섞어요.

곁들이기
반으로 자른 김에 ❶을 얹어 좋아하는 채소를 골라 소스를 넣어 먹거나 고추냉이를 넣은 간장에 찍어 먹어요.

완성!

★ Yuka's Health Tip
한국에서는 아직 낫토가 낯설죠. 낫토는 삶은 대두를 발효시킨 음식이고 발효를 일으키는 성분(낫토균)은 대장 환경을 개선해서 변비를 예방하는 건강식품이에요. 또한 유해물질을 흡착해서 배출을 촉진시켜 간장의 부담이 줄어들고, 그 성분이 만드는 효소는 혈액을 맑게 해줘요.

★ Yuka's Recipe Tip
소스로 낫토 쌈장, 두부마요네즈 외에도 이 책에 나오는 과일 드레싱, 된장소스 등 다양하게 즐겨보세요. 아예 소스를 넣고 초밥을 싸도 좋고, 소스 없이 초밥을 만 후에 간장이나 드레싱을 찍어 먹어도 좋아요

★ 아이와 함께 해봐요~
항상 완성된 음식이 아니면 식탁에서 해먹는 요리는 고기구이뿐이죠? 주말에는 재미있게 온 가족이 모여서 식탁에서 만들면서 먹는 요리를 해봅시다. 즉석 초밥은 다양한 토핑과 소스로 각자 최고의 궁합을 찾으면서 먹으면 소식하는 아이도 많이 먹어요!

색색깔 소스에 콕콕 찍어 먹어요
메밀국수파티

온가족이 모이는 주말, 눈이 즐거운 요리로 아이에게 특별한 기억을 선물하세요.

재료(4인분)

통밀국수 2뭉음, 메밀국수 2뭉음 **[토핑]** 무 60g, 오이 45g, 미역(건조) 1g, 적양파 60g, 소금 약간, 식초 약간, 김 1/2장 **[간장참깨소스]** 다진 대파 2작은술, 생강 10g, 참깨 2큰술, 간장 2큰술, 조청 2큰술, 물(미역을 담가놓은 물 사용) 4큰술 **[된장토마토소스]** 완숙 토마토(또는 토마토 주스) 140g, 된장 1작은술, 고추장 1/2작은술, 조청 1큰술 **[두유브로컬리소스]** 브로컬리 60g, 배 1/8개 (60g), 샐러리 10g, 마늘 1/2개, 두유 4큰술, 레몬즙 3작은술, 된장 1작은술, 소금 1/4작은술

토핑 준비하기
무, 오이는 채 썰고 각각 소금을 뿌려서 놔둬요. 적양파는 얇게 썰고 소금과 식초를 약간만 넣어 색이 선명하게 되도록 해요. 미역은 물에 불려 놓아요.

된장토마토소스 만들기
토마토는 꼭지를 빼고 살짝 데쳐 껍질을 벗겨 과실과 껍질을 잘게 다져요. 절구에 된장, 고추장, 조청을 넣고 섞은 후 토마토 다진 것도 잘 섞어요.

간장참깨소스 만들기
참깨는 팬으로 볶은 다음 절구로 갈아요. 대파는 다지고 생강은 강판에 갈아요. 그런 다음에 참깨, 간장, 조청, 물과 같이 잘 섞어요.

두유브로콜리소스 만들기
브로콜리는 소금을 넣은 끓는 물에 데쳐서 체에 밭아 그대로 식혀요. 강판에 브로콜리, 배, 샐러리, 마늘을 갈고 두유와 합쳐요. 나머지 재료도 모두 넣고 잘 섞어요.

국수 삶기
국수를 끓는 물에 각각 삶아 냉수로 헹군 후 먹기 좋게 덩어리를 만들어 놓아요.

골라 먹기
국수를 접시에 담아서 토핑을 얹고 좋아하는 소스를 뿌려 먹어요.

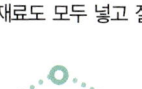

★ Yuka's Health Tip

면은 입맛이 없을 때 가볍게 먹기 좋은 요리에요. 소화도 잘 돼서 더운 여름에 아이에게 간식으로 먹이면 좋아요. 다양한 토핑을 준비해서 함께 먹으면 부족한 영양분을 채울 수 있고 소화, 흡수도 잘 돼요. 단, 면도 가공식품이므로 자주 먹지 말고, 면을 먹은 날에는 꼭 현미밥을 먹어요. 그래야 체력과 건강, 기력 유지에 도움이 돼요.

★ Yuka's Recipe Tip

》 토마토 껍질 쉽게 벗기기
끓는 물에 잠시 담가두면 토마토 껍질이 쉽게 벗겨져요. 이렇게 토마토 껍질을 벗기면 부드러운 된장토마토소스를 즐길 수 있답니다.

★ 아이와 함께 해봐요~

식사를 할 때 어른들은 대부분 TV를 보거나 신문을 보는 등 무엇인가를 하면서 먹는 '~면서 식사'를 하죠. 앞으로는 가족과 이야기를 나누'면서' 식사 시간을 즐겨보세요. 아이도 밥을 먹는지 장난을 치는지 모를 정도로 정신없이 식사를 하는 습관을 가졌다면 하루 빨리 고쳐주는 게 좋겠죠.

제6장 미리 미리 챙기는 아토피 예방 한 숟갈, 현미밥

아이들의 아토피 발병률은 매년 35% 이상으로 높아지는 추세입니다.
이제 현미밥으로 아토피의 위험에서 내 아이를 보호해주세요.
다양한 현미밥 요리법으로 온 가족의 건강을 챙기세요.

한 지붕 네 가족
밥친구들

입맛 없을 때, 귀찮을 때, 딱 좋은 밥친구들입니다.
직접 만들어 첨가물 걱정 없고, 살짝 뿌려만 먹어도 맛있는 여러 가지 밥친구를 만들어보세요.

파래김 밥친구 (한 통)
파래김 2덩어리, 현미튀밥 6장

01 파래김 말리기
가볍게 씻어놓은 파래김을 팬에 넓게 편 후 약한 불로 완전히 건조시켜요.

02 튀밥 부수기
현미튀밥은 봉투에 넣고 밀대로 잘게 부숴서 ❶을 가루상태로 만든 뒤 섞어요.

껍질 밥친구 (한 통)
단호박 껍질 적당량, 고구마 껍질 적당량, 소금 적당량, 깨소금 적당량

01 껍질 벗겨 다지기
단호박이나 고구마를 찌거나 삶은 후 껍질을 벗겨 잘게 다져요.

02 볶기
❶을 기름을 두르지 않은 팬에 소금을 뿌려가며 볶다가 바삭해지면 깨소금을 더하고 섞어요.

깻잎유부 밥친구 (한 통)
유부 4장, 깻잎 20장, 간장 1큰술, 물 1큰술, 흰깨 1작은술

01 채 썰기
유부는 끓는 물로 데쳐서 기름기를 뺀 후 가늘게 채 썰어요. 깻잎은 반으로 잘라 채 썰어요.

02 조리기
팬에 채 썬 유부를 볶고 간장, 물, 채 썬 깻잎을 더해 조려요. 물기가 없어지면 깨를 넣어 섞어요.

검은깨소금 (어린이용)
생소금 1/2작은술, 검은깨 1큰술과 1작은술

01 소금 갈기
생소금을 팬으로 볶아 양념절구에 넣어 곱게 갈아주세요. 같은 팬에 검은깨를 넣어 손가락으로 눌렀을 때 쉽게 부숴질 정도로 볶아요.

02 검은깨 갈기
❶의 검은깨를 생소금이 있는 양념절구에 더해 갈아요. 그때 기름기가 생기지 않도록 깨끗이 갈아주는 게 중요해요.

★ Yuka's Health Tip

현미밥은 그 자체로도 영양가가 높지만 여기에 밥친구가 더해지면 비타민, 미네랄 등 모자란 영양을 보충할 수도 있고 소화가 촉진되는 효과도 있어요. 또 밥에 다양한 맛이나 풍미를 더해줘서 밥을 먹기 쉽고 맛있게 하는 역할도 하죠. 인공적인 첨가물로 만들어낸 밥친구가 아닌, 채소가 가진 고유의 단맛, 짠맛을 살려서 만들면 더욱 건강에 좋답니다.

★ Yuka's Recipe Tip

파래나 채소 껍질을 사용할 때에는 잘 건조되게 볶아 오래오래 보관할 수 있도록 만드는 게 중요해요. 또 깻잎유부 밥친구는 약간 짜게 간을 해서 냉장보관을 하면 오래 보관할 수 있어요. 검은깨소금에 들어가는 깨는 산화되기 쉽기 때문에 밀폐용기에서 보관을 하고 2주일 이내에 먹도록 하는 게 좋아요.

★ 아이와 함께 해보아요~

건조시킨 파래김과 현미튀밥을 봉투에 넣어 빻는 일은 아이에게 부탁해 보세요. 익힌 단호박이나 고구마를 식힌 뒤 껍질을 까는 일도 아이와 함께하세요.

새까만 세모 얼굴
현미주먹밥튀김

위에 올린 손은 기억, 아래를 받친 손은 디귿. 재밌는 한글놀이~
주먹밥을 만들며 한글놀이를 해보세요.

재료(2인분)
현미밥 160g, 튀김유 적당량
[간장소스] 간장 1큰술, 레몬즙 1작은술

삼각주먹밥 만드는방법

1. 오른손으로 ㄱ자, 왼손으로 ㄷ자를 만들어요.
2. 오른손으로 위쪽 모서리를, 왼손으로 아래쪽 면을 잡고 오른손의 손톱과 왼손의 손톱이 마주 보지 않도록 교차시켜요.
3. 주먹밥을 돌려가며 한번 눌러주고 돌려서 다시 눌러주기를 반복해요.

01 주먹밥 만들기
현미밥으로 삼각주먹밥을 2개 만들어요.

02 주먹밥 튀기기
180도로 가열한 기름으로 튀겨요.

03 간장소스에 적시기
간장과 레몬즙을 넣어 만든 간장소스에 살짝 적셔요.

완성!

★ Yuka's Health Tip

마크로비오틱 원칙인 음양조화로 삼각주먹밥을 설명하면 오른손은 양성, 왼손은 음성이고, 그 음양을 조화시킨 요리가 바로 삼각주먹밥이에요. 그렇기 때문에 삼각형의 모양도 가장 조화가 잘 된 모양이라 할 수 있어요. 개방의 에너지를 얻고 싶을 때에는 오른손을 위로, 진정의 에너지를 얻고 싶을 때에는 왼손이 위로 오도록 해요.

★ Yuka's Recipe Tip

삼각주먹밥은 따뜻한 밥으로 만들어야 잘 만들어져요. 손을 물로 적시고 만들면 밥이 손에 붙지 않아 좋아요. 주먹밥을 튀길 때 낮은 온도로 튀기면 기름을 너무 많이 흡수해서 바삭해지지 않기 때문에, 기름에 밥 한 톨을 넣었을 때 밑까지 가라앉지 않고, 내려갔다가 바로 뜨는 정도의 온도가 좋아요. 간장소스에 레몬을 넣는 이유는, 튀김 요리에 레몬즙을 곁들이면 기름을 잘 소화할 수 있게 도와주기 때문이죠.

★ 아이와 함께 해보요~

아이가 삼각주먹밥을 만들 때에는 랩으로 밥을 싸서 주먹밥을 만들도록 지도합니다. 비교적 쉽게 아이가 좋아하는 크기나 모양으로 주먹밥을 만들 수 있어요. 갓 지은 밥은 매우 뜨거워서 아이가 손을 델 수 있어요. 적당히 식혀서 사용하세요.

토로로~ 흘러내려요

토로로덮밥

토핑으로 얹은 양파절임은 다져서 볶음밥에 넣어도 좋고 면과 섞어도 좋은 만능 아이템입니다.
냉장보관도 두세 달 가능하니 두고두고 먹을 수 있어서 더 좋아요.

재료(1인분)
산마 40g, 두부(생식용) 20g, 소금 약간, 맛간장 적당량, 현미밥 120g, 쪽파 약간
[맛 간장](한 병분) 양파 1개, 다시마(건조) 5cm, 간장 1컵

섞기
간 두부에 소금을 조금 뿌려요. 강판으로 간 마를 더해 잘 섞어요.

쪽파 뿌리기
밥에 ❶을 얹고 맛간장을 넣은 뒤 쪽파를 뿌려요.

맛간장 만들기

병에 담기
양파는 아주 얇게, 다시마는 가위로 가늘게 잘라 깨끗한 병에 담아요.

간장 붓기
❶에 간장을 부어요. 양파가 부드러워지고 매운 냄새가 없어지면 먹기 좋아요.

완성!

★ Yuka's Health Tip

마는 탄수화물 분해효소가 풍부하고 소화, 흡수를 도와요. 특히 마의 끈적끈적한 성분은 '무친'이라는 위장 점막과 비슷한 성분이라 위염을 가라앉히는 작용도 있지요. 또 단백질의 흡수를 도와주어, 두부가 가진 단백질도 효율적으로 흡수하게 해서 자양강장에 좋아요.

★ Yuka's Recipe Tip

마 뿌리는 직화로 구워 손질하여 껍질째 강판으로 갈면, 껍질 부분에 있는 풍부한 효소나 영양분을 그대로 섭취할 수 있어요.
토로로덮밥에 두부를 섞지 않고 마만 갈아서 부어 먹어도 맛있어요. 또한 취향에 따라 파래김과 섞거나 김을 뿌려 먹어도 좋아요.

★ 아이와 함께 해봐요~

마는 힘을 들이지 않고 쉽게 갈 수 있습니다. 민감한 피부의 아이는 마가 가진 수산칼슘 때문에 간지러움을 호소할 수 있는데 그때는 당황하지 말고 식초를 푼 물에 손을 담가주면 낫는답니다.

뽀글뽀글 • 아줌마파마

브로콜리볶음밥

장식으로 꾸며진 브로콜리의 봉오리 부분. 그렇다면 나머지는 어디 있을까요?
브로콜리의 줄기 부분은 볶음밥 속에 쏙 숨어있답니다.

재료(1인분)
현미밥 300g, 브로콜리 60g(1/4개), 양파 50g, 연근 30g, 우엉 20g,
당근 15g, 표고버섯 1/2개, 옥수수 30g, 기름 1큰술, 소금 약간, 간장 1큰술

채소 준비하기
브로콜리의 줄기 부분은 다지고 봉오리 부분은 잘게 찢어서 소금물로 삶아요. 남은 채소는 잘게 다져요.

채소 볶기
팬에 기름 1/2분량을 넣고 먼저 버섯과 양파를 볶다가 소금과 나머지 채소를 볶아요.

밥과 간장 넣어 볶기
남은 기름을 더해 밥과 옥수수를 넣고 볶아요. 이때 간장을 팬의 가장자리에 부어요.

뜸 들이기
뚜껑을 덮어서 잠시 뜸을 들인 후 브로콜리 봉오리 부분을 장식해요.

완성!

★ Yuka's Health Tip

자주 먹는 브로콜리의 윗부분은 꽃이 피는 봉오리입니다. 일물전체가 원칙인 마크로비오틱에서는 브로콜리 봉오리 부분뿐만 아니라 줄기 부분이나 잎 부분도 다 같이 먹어요. 줄기 부분은 봉오리 부분보다 시력이나 성장발달에 관여하는 비타민A와 감기 예방 등 면역력 강화에 도움을 주는 비타민C가 풍부해요.

★ Yuka's Recipe Tip

밥이 팬에 붙기 시작하면 뚜껑을 덮어서 물행주 위에 팬을 옮기고 잠시 뜸을 들여요. 그렇게 하면 밥이 팬에서 깨끗하게 떨어져요. 간장은 밥에 직접 뿌리지 않고 팬 가장자리에 두르듯이 넣어요. 이런 식으로 간장을 넣으면 고소한 냄새는 더해지고 밥도 축축해지지 않아요.

★ 아이와 함께 해봐요~

드디어 볶음밥이 완성됐습니다~. 이젠 접시에 예쁘게 담는 일만 남았는데요. 어떻게 담아야 예쁘게 담을 수 있을까요? 동그라미, 네모, 다양한 모양의 접시를 활용하세요. 아이들에게 직접 여러 가지 모양의 접시에 밥을 눌러 담고, 접시에 뒤집어 모양을 내도록 하세요. 아마 더욱 즐거운 식사시간이 될 거예요.

삼각주먹밥이 바삭바삭해
파된장볶음과 구운삼각주먹밥

구운삼각주먹밥과 파된장볶음이 만나면 맛도 건강도 업그레이드된답니다.
파된장볶음은 주먹밥에 얹어 먹어도 되고 속에 넣어 먹어도 맛있어요.

재료(1인분)
[파된장볶음] 대파 100g, 된장 1큰술, 물 1큰술, 참기름 1/2작은술, 흰깨 1과1/2작은술
[주먹밥 구이](2개분) 현미밥 160g

대파 손질하기
대파는 뿌리째 잘 씻어서 뿌리 부분은 잘게 다지고 나머지는 채 썰어요.

볶기
팬에 참기름을 두르고 ❶을 뿌리, 푸른 부분, 흰 부분의 순서로 볶아요.

된장 넣기
대파의 색이 변하면 된장에 물을 붓고 십자를 넣은 다음 대파 위에 그대로 얹어요.

조리기
약한 불로 물기가 없어질 때까지 조린 후 섞어요.

흰깨 넣기
볶은 흰깨를 칼로 다져 ❹에 섞어요.

주먹밥 만들기
현미밥으로 삼각주먹밥을 2개 만들어 팬으로 양면을 고소하게 구워서 ❺를 얹어 먹어요.

완성!

★ Yuka's Health Tip

파된장은 일본어로 '네기미소'라고 하는데 마크로비오틱의 약선요리 중 하나예요. 동물성 식품을 과식해서 혈액이 흐려진 느낌(몸의 피로감, 가려움증, 피부의 칙칙함 등)이 들 때나 감기에 걸렸을 때, 매일 조금씩 파된장을 먹으면 그런 증상을 개선할 수 있어요.

★ Yuka's Recipe Tip

마크로비오틱의 약선요리는 될 수 있으면 인위적인 에너지 없이 자연의 힘을 살려서 만드는게 특징이에요. 된장에 십자를 넣는 이유도 냄비 속에서 섞지 않고 자연스럽게 된장이 풀리도록 하기 위해서예요.

★ 아이와 함께 해봐요~

아이와 삼각주먹밥을 만들 땐 밥을 랩에 싸서 만들어 봅시다. 손에 붙이지 않고 모양 만들기도 쉬워요!
뜨거운 밥에 손이 데지 않도록 적당히 식혀서 사용하세요.

밥알이랑 반찬이랑
두부대파볶음덮밥

따로 또 하나인 듯! 밥과 반찬이 제각각 다른 맛과 식감을 갖고 있지만 하나의 덮밥을 이루어 훌륭한 맛을 내는 요리입니다.

재료(4인분)
현미밥 4인분(600~640g), 두부 1/2모, 오이 50g(1/2개), 소금 1/2작은술, 대파 50g, 당근 25g, 참기름 2작은술, 소금 1/2작은술, 간장 1큰술, 김 1/2장

재료 준비
두부는 물기를 빼둬요. 대파, 당근, 오이는 채 썰어요. 채 썬 오이는 소금을 뿌려 둬요.

채소 볶기
팬에 기름을 넣고 대파를 볶다가 당근을 볶아요.

두부 으깨 넣기
두부를 으깨 넣고 소금을 넣어 볶아요.

간하기
수분이 없어지면 간장으로 간을 해요.

밥 위에 얹기
밥에 ❹를 얹고 ❶의 오이에 물기를 짜서 얹고 김을 토핑해요.

완성!

★ Yuka's Health Tip

몸이 너무 음성으로 기울어지면 면역력이 떨어지고 기운이 없어져요. 극 음성 대표식품이 설탕인데, 화학조미료나 향신료 등도 극음성이에요. 또 토마토, 오이, 가지 등 여름 채소나 두부도 마크로비오틱에서 음성이 강한 식품이에요. 이 요리에서는 오이를 소금으로 비비고 두부는 물기를 빼고 잘 가열해서 음성 성질을 완화시킬 수가 있어요.

★ Yuka's Recipe Tip

오이 대신 채 썬 오이지를 사용해도 좋고 김치를 채 썰어서 얹어도 맛있어요. 볶으면서 두부의 물기를 없애는 과정은 완성 후에 음식이 싱거워지는 것을 막고 먹을 때의 느낌도 좋게 하는 역할을 해요. 두부대파볶음덮밥은 도시락에 넣어도 좋아요. 이때도 두부를 잘 볶아 물기가 생기지 않게 하는 게 중요해요.

★ 아이와 함께 해봐요~

(3)에서 두부를 으깨는 일이나 (5)에서 토핑을 얹는 일은 아이에게 맡겨주세요.

작지만 옹골찬 미네랄 덩어리
김조림

조릴수록 줄어드는 김의 부피만큼 영양은 응축되기 때문에
온가족이 많은 미네랄을 쉽게 섭취할 수 있어 좋아요.

재료(1인분)
김밥용 김 6장, 물 1컵, 간장 2큰술

01 김 찢기
김을 한입 크기로 찢어요.

02 물과 간장 넣기
냄비에 ❶과 물, 간장을 넣어요.

03 조리기
바닥에 물기가 없어질 때까지 조려요.

완성!

★ Yuka's Health Tip

김에는 미네랄 성분이 아주 풍부해요. 그 중 특히 칼슘은 단단한 뼈를 만들어주죠. 기름과 소금으로 간이 되어있는 맛김은 열량이 높고 염분이 많아 염분이 부담이 되지만 김조림은 기름기가 없고 열량도 낮아요. 김이 가진 고소한 향기와 적당히 짠맛은 아이의 입맛을 돋워주죠. 하루에 한 장, 김으로 건강 꼭 챙기세요.

★ Yuka's Recipe Tip

물기가 없어질 때까지 조린 김조림은 한 달 정도 보관이가능해요. 조금씩 밥에 얹어서 먹거나 나물을 만들 때 양념장 대신 넣어도 훌륭해요.

★ 아이와 함께 해봐요~

김을 손으로 찢어주세요. 큰 것은 아빠 것, 작은 것은 내 것. 가족을 생각하며 반찬을 만들어보아요. 한 조각, 한 조각 찢으면서 몰래 몰래 먹는 맛, 아이도 엄마도 김의 매력에 흠뻑 빠질 수 있답니다.

방귀쟁이 뿡뿡이는 이제 싫어요
고구마밥

고구마만 먹으면 방귀를 뿡뿡 뀌어서 기피했다면, 이제 껍질째 고구마를 먹어보세요.
고구마 껍질과 함께라면 방귀 걱정은 순식간에 사라져요.

재료(4인분)
현미쌀 2컵, 물 2와1/4컵, 소금 1/4작은술, 고구마 중간 크기 1개(150g),
맛밤 10개, 검은깨 약간

현미 불리기
현미는 깨끗이 씻어 물 2와1/4컵을 넣어
하룻밤 담가둬요.

재료 썰기
고구마는 1cm조각으로 자르고 맛밤은
적당한 크기로 잘라요.

밥 짓기
압력솥에 ❶을 넣고 ❷를 얹어 소금을
뿌려요. 압력이 걸리면 아주 약한 불로
20분간 가열한 뒤 압력이 내려갈 때까지
그대로 뜸을 들인 후 전체를 가볍게 섞
어서 검은깨를 뿌려 내놔요.

완성!

★ Yuka's Health Tip

질병이 있는 사람은 지방성분이 많은 견과류를 조심해서 먹어야 하지만, 밤은 질병의 유무 상관없이 섭취할 수 있는 견과류입니다. 밤 조림의 단맛은 밤에 들어있는 풍부한 전분질 때문이예요. 단맛은 마음을 안정시키고 전분질은 아이가 자라는 데 좋아요. 또 세포분열과 성장에 도움을 주는 엽산도 포함되어 있어요.

★ Yuka's Recipe Tip

밥을 지은 후의 고구마는 쉽게 흐트러져요. 모양이 망가지지 않도록 가볍게 섞어요.

★ 아이와 함께 해봐요~

고구마밥을 먹을 때에는 조심조심 살살 담는 게 중요해요. 아이에게 숟가락을 사용해서 밥을 담아보게 하세요. 아빠는 많이, 엄마는 중간, 아기는 조금. 무조건 '이만큼의 밥을 모두 먹어야 된다'는 식으로 윽박지르기 보단, 아이에게 먹고 싶은 만큼 먹도록 선택권을 줘보는 것도 좋을 거예요.

길쭉한 콩나물처럼 쑥쑥 자라야지
콩나물밥

콩나물이라면 이유 없이 싫어하는 우리 아이도
맛좋은 양념장과 함께라면 콩나물 밥 한 그릇 뚝딱 해치웁니다.

재료(4인분)
현미쌀 2컵, 물 2와1/4컵, 소금 1/2작은술, 콩나물 150g, 유부 2장, 미역(건조) 2작은술, 간장 1큰술, 쪽파 1개

현미 불리기
현미는 깨끗이 씻어 물 2와1/4컵을 넣어 하룻밤 담가둬요.

재료 준비
콩나물은 씻어 물기를 빼요. 유부는 끓는 물로 데쳐서 기름기를 뺀 후 채 썰고 2등분해요.

밥 짓기
압력솥에 ❶을 넣고 유부, 콩나물의 순서로 얹은 뒤 소금을 뿌려요. 압력이 걸리면 아주 약한 불로 20분간 가열한 뒤 압력이 내려갈 때까지 그대로 뜸을 들여요.

양념장 만들기
말린 미역은 밀대로 밀거나 양념절구에 간 다음 간장과 함께 섞어요.

곁들이기
❸에 ❹를 넣고 잘게 자른 쪽파를 뿌려 먹어요.

완성!

★ Yuka's Health Tip

콩나물의 뿌리 부분에 많다고 하는 아스파라긴산은 체액의 균형을 조절해요. 또 몸의 에너지생산을 효율적으로 하고, 지구력을 높이고 각종 미네랄을 몸에 운반시키는 역할을 해요. 체내에 유산이 쌓이면 피로를 느끼게 되지만 아스파라긴산은 그 유산을 빨리 없애주어 신경이나 근육 피로의 회복에 효과가 있어요.

★ Yuka's Recipe Tip

미역은 물에 불려 물기를 꽉 짜서 밥에 섞어 먹어도 좋아요. 유부 대신 볶은 두부를 사용해도 별미랍니다.
미역을 양념절구에 갈 때 랩을 씌워서 갈아보세요. 여기 저기 튀길 염려가 없어요.

★ 아이와 함께 해보아요~

식사를 마친 뒤, 아이에게 밥의 소중함을 일깨워주세요. 사소한 밥 한 톨에도 만들어주신 분의 많은 수고가 들어가 있답니다. 되도록 남기지 말고 깨끗이 먹읍시다. 뿌리부터 껍질까지 모두 먹는 마크로비오틱의 정신은 바로 자연에 대한 감사에서 비롯된 것이니까요.

주황색 보석이 밥에 박혀있네
당근밥

보통 아이들은 당근의 맛과 식감을 싫어하죠. 그래서 탄생한 당근밥!
고소한 냄새로 당근의 약점을 숨겼답니다.

재료(4인분)
현미쌀 2컵, 물 2와 2/5컵, 소금 1/4작은술, 당근 80g, 호두 15g, 쪽파 5g, 간장 2작은술, 참기름 1/2작은술

현미 불리기
현미는 깨끗이 씻어 물 2와2/5컵을 넣어 하룻밤 담가둬요.

당근 다지기
당근은 잘게 다져요.

밥 짓기
내열용기에 ❶과 ❷를 섞어 넣고 소금을 뿌려요. 물을 2cm 정도 넣은 압력솥에 용기째 넣고 압력이 걸리면 약한 불로 30분간 가열한 후 압력이 내려갈 때까지 뜸을 들여요.

곁들이기
잘게 다진 호두와 쪽파를 간장, 참기름과 합쳐서 ❸에 섞어 먹어요.

완성!

★ Yuka's Health Tip

당근은 베타카로틴을 포함하고 있는데 특히 껍질 부분에 많이 포함되어 있어요. 베타카로틴은 감기에 대한 저항력을 키우고 체내에서 비타민A가 되어 몸의 성장을 돕고 질병의 회복을 높이죠. 또 기름과 같이 섭취했을 때 흡수력을 높일 수 있기 때문에 당근밥을 지을 때에도 마지막에 참기름을 넣는 거예요.

★ Yuka's Recipe Tip

당근 냄새를 싫어하는 아이도 참기름의 고소한 향 때문에 먹기 쉬운 밥이에요. 당근 자체에 거부감이 있을 수 있으므로 아주 잘게 다지는 것이 좋아요. 중탕으로 밥을 지으면 타지도 않고 소량으로도 만들 수 있어요. 호두, 쪽파, 간장, 참기름으로 만든 소스는 일반 현미밥에 섞어 먹어도 맛있고 나물 양념장에도 활용할 수 있으니 유용하게 쓰세요.

★ 아이와 함께 해봐요~

아이와 함께 양념장을 만들어 보세요. 호두를 다지는 일과 쪽파를 가위로 자르는 일은 아이 혼자의 힘으로도 쉽게 할 수 있답니다.

제7장 내 아이에게 안심하고 먹일 수 있는 엄마표 웰빙 간식

집 밖에 도사리고 있는 온갖 불량식품, 분식들. 내 아이도 예외는 아니다?
아직도 간식 만들어주기 귀찮아서 외면하고 있는 엄마라면,
어렵지 않은 엄마표 웰빙 간식을 만들어보세요.

라면이 건강이라면
채식라면

건강을 담은 마크로비오틱 라면으로 안심하고 즐기세요.

재료(2인분)
생강 1조각, 마늘 1조각, 대파 1개, 참기름 1큰술, 새송이버섯 1개, 숙주나물 1컵, 찹쌀가루 1과1/2큰술, 아욱 20g, 다시마 국물 4컵 또는 물 4컵과 산들애 키즈 2큰술, 간장 4큰술, 현미식초 1작은술, 소금 1/2작은술, 생소면 2인분, 미역(건조) 1g

채소 자르기
생강, 마늘은 다지고, 대파는 얇게 채 썰어요. 새송이버섯은 4cm×2cm로 길쭉한 모양이 되게 자르고 아욱은 3cm로 잘라서 준비해주세요.

숙주나물 씻기
숙주나물은 씻어서 물기를 빼둬요.

채소 볶기
냄비에 기름을 넣고 생강, 마늘, 대파를 그림에서 보여지는 정도로 볶다가 새송이 버섯을 넣어 볶아요.

국물 끓이기
다시마 국물, 또는 물 4컵과 산들애 키즈 2큰술을 넣고 끓이면서 간장, 식초, 소금으로 간을 한 뒤 아욱과 숙주나물을 더해 한번 끓여요.

소면 삶기
생소면을 끓는 물에 삶아요.

곁들이기
삶은 생소면에 ④를 붓고 물에 불린 미역으로 장식해요.

★ Yuka's Health Tip
바쁘니까, 시간이 없으니까 핑계를 대며 외식, 배달 음식에 의존하기보다는 시중에 파는 안전하고 편리한 상품을 똑똑하게 이용해서 편하게 요리를 해보세요. 시판하는 순한 간식거리나 안전한 식품을 체크하고 활용하는 것도 무리 없이 마크로비오틱을 실천할 수 있는 노하우랍니다.

★ Yuka's Recipe Tip
라면 대신 생소면을 사용하면 라면과 비슷한 촉감을 즐길 수 있고 맛도 좋으며 더욱 안심하고 사용할 수 있어요. 다시마 국물을 우릴 충분한 시간이 없다면 국내산 자연재료를 사용해 안전한 산들애 키즈를 넣어 요리해보세요. 맛은 물론 건강까지 안심할 수 있답니다.

★ 마크로비오틱과 사귀는 법
아이에게는 사랑을 담은 요리가 큰 영양입니다. 마크로비오틱 식사법은 원칙에 얽매여 어렵게 실천하는 것보다, 오래오래 즐기면서 천천히 추구해나가는 것이 더욱 유익해요. 단, 병을 고치는 목적으로 마크로비오틱 식사법을 실천하는 경우, 철저히 원칙에 따라서 실천해야 효과적입니다.

이탈리아 사람들도 김치를 먹나요?
이탈리언떡볶이

이탈리언 떡볶이를 통해 김치를 싫어하는 아이들도 어렵지 않게 김치를 먹을 수 있어요.

재료(2인분)
양파 50g(1/4개), 올리브유 2작은술, 배추김치 150g, 떡볶이 150g, 간장 1큰술, 브로콜리 50g
[양념 소스] 물 1/2컵, 토마토 주스 1컵, 사과 주스 1/2컵

김치 자르기
배추김치는 물로 씻어 물기를 빼 3cm 크기로 잘라요.

채소 자르기
양파는 1cm 너비로 자르고 브로콜리는 한입 크기로 잘라요. 브로콜리 줄기 부분은 마구썰기 해요.

볶기
스테인레스 팬에 올리브유를 넣고 양파를 볶다가 ❶을 더하고 다시 볶아요.

소스 끓이기
양념소스를 넣고 한번 끓여요.

조리기
떡볶이와 브로콜리 줄기 부분을 더해 부드러워질 때까지 조려요.

익히기
간장으로 간을 하고 마지막으로 브로콜리의 윗부분을 더해 익혀요.

완성!

★ Yuka's Health Tip

향신료인 고춧가루는 어린 아이의 혀나 소화기관에 너무 큰 자극을 줘요. 어렸을 때부터 강하는 맛을 먹으면 혀 세포가 죽고 감각이 둔해지면서 계속 짜게 먹게 되는 식습관이 생겨요. 이탈리언 떡볶이를 만들 때는 아예 김치를 넣지 않고 만들거나 김치를 적당하게 씻어 짠 맛과 고춧가루를 없앤 뒤 사용하면 몸에도 자극이 없고 아이의 미각도 키울 수 있어요.

★ Yuka's Recipe Tip

사과주스 대신 조청 2큰술을 넣어도 괜찮아요. 또 김치를 사용하지 않은 경우에는 배추나 양배추 등을 넣고 졸여요. 깔끔한 맛을 내고 싶을 때에는 풋고추나 말린 빨간 고추를 넣어요.

★ 아이와 함께 해봐요~

떡과 명절에 대해서 아이와 함께 이야기해 보아요. 설날에는 떡만두국, 추석에는 송편, 백일잔치 때는 백설기... 우와, 대한민국 사람들은 옛날부터 기념이 되는 날에는 떡을 먹었네요. 그렇다면 올해의 설날과 추석은 몇 월 며칠일까요? 달력을 보면서 함께 살펴보세요.

빨간떡볶이 말고 까만떡볶이
간장떡볶이

떡볶이는 빨갛다? 까만 떡볶이도 있다!
간장과 조청을 이용해 달콤짭쪼롬한 맛이 일품인 간장떡볶이를 만들어보세요.

재료(4인분)
떡볶이 떡 150g, 풋고추 1/2개, 새송이버섯 1/2개(30g), 양파 1/4개, 부추 10g, 당근 10g, 참기름 2작은술, 간장 1큰술, 조청 1큰술

떡 삶기
끓는 물에 떡볶이 떡을 삶아둬요.

채소 자르기
풋고추는 채 썰고, 양파는 1cm 너비로 자르고 새송이버섯은 3cmx1cm로 잘라요. 부추는 길이 3cm로 자르고 당근은 얇게 자른 다음 4등분해요.

채소 볶기
팬에 참기름을 두르고 ❷의 채소를 볶아요.

조리기
❶을 더하고 간장과 조청으로 간을 해 조려요.

완성!

★ Yuka's Health Tip

떡볶이 떡은 쌀가루로 만든 것과 밀가루로 만든 것이 있어요. 쌀가루로 만든 것은 소화에도 좋고 몸속에 남지 않아 대사도 잘 이루어져요. 양파, 쪽파 등 파 종류에는 당분을 열량에 바꿀 때 필요한 비타민B1의 섭취를 촉진시키는 성분이 들어있어요. 때문에 떡볶이의 당분을 빨리 열량으로 바꿔줘 뇌 활동이나 피로 회복에 도움을 줘요.

★ Yuka's Recipe Tip

떡볶이를 조리지 않고 볶으면서 요리할 때에는 별도로 데쳐서 미리 부드럽게 한 뒤 사용하면 볶을 때 떡이 팬에 붙지 않고 제대로 익어요.

★ 아이와 함께 해봐요~

쫄깃쫄깃한 떡볶이는 오래오래 씹어 먹어야 해요. 떡볶이 뿐만 아니라 모든 음식을 잘 씹어서 천천히 먹는 습관을 가르쳐 주세요. 잘 씹는 것만으로도 소화력이 높아지고 포만감을 주어 비만을 막아줄 뿐만 아니라 뇌의 발달을 돕고 몸의 부담을 줄일 수 가 있어요. 또 잘 씹는 습관은 충치를 예방하고 치열 형성과정에도 긍정적인 영향을 준답니다.

면발이 뚱뚱해
채식우동

일식집이나 포장마차에서 사 먹는 우동을 집에서 만들어 먹어요.
채식우동 특유의 깔끔한 맛에 금세 한 그릇 해치울 수 있어요.

재료(1인분)
간장 3큰술, 생우동면 1개, 쑥갓 10g, 유부 1장, 미역 1g, 대파 약간
[맛국물] 무말랭이 10g, 다시마 5×5cm 1조각, 말린 표고버섯 1개, 물 3컵

맛국물 끓이기
[맛국물]의 재료를 합쳐서 끓여요.

썰기
표고버섯이 부드러워지면 얇게 자르고, 다시마는 가늘게 채 썰어요.

맛국물 다시 끓이기
간장으로 간한 ❶에 ❷를 넣고 끓여요.

생우동면 삶기
생우동면은 한번 삶아서 놔둬요.

채소 자르기
쑥갓은 3cm로 자르고 끓는 물에 기름기를 뺀 유부는 대각선으로 이등분해요. 미역은 한입 크기로 잘라요.

곁들이기
그릇에 ❹를 넣고 ❸을 부어 ❺와 채 썬 대파로 장식해요.

완성!

★ Yuka's Health Tip

무말랭이나 다시마에는 단단한 뼈를 만들고 정신 안정에 도움을 주는 칼슘이 풍부해요. 또 말린 표고버섯에는 칼슘의 흡수를 도와주는 비타민D가 많아요. 이 세 가지 식재료로 만든 맛국물은 아이의 성장에 필요한 영양 성분이 가득한 육수가 돼요.

★ Yuka's Recipe Tip

맛국물은 냉장고에서 4일 정도는 보관이 가능해요. 간장 분량을 늘이면 냉국수를 찍어 먹는 맛간장이 돼요. 3장에 나온 근채튀김을 얹어 먹어도 별미예요.

★ 아이와 함께 해봐요~

면을 삶고 국물을 부은 뒤부터의 과정은 아이에게 맡겨주세요. 유부를 가위로 잘라 원하는 모양을 내거나, 미역을 높이 쌓아 미역산을 만들어도 좋아요. 여러 명이 있을 때는 토핑 재료로 얼굴 꾸미기 대회를 시작해 보세요. 미역으로 머리를, 쑥갓으로 코를, 유부로 입을! 누가 누가 제일 잘 하나? 상상력이 쑥쑥 자란답니다.

면발이 입안에서 춤을 춰요
볶음면

프라이팬에 밥 말고 면을 볶아보세요.
의외로 간단한 볶음면 요리법에 주위 사람들에게 자랑하고 싶어진답니다.

재료(2인분)
대파 50g, 양배추 50g, 당근 10g, 부추 10g, 유부 2장, 참기름 2작은술, 간장 2큰술, 조청 1큰술, 생우동면 1개

생우동면 삶기
생우동면은 한번 삶아서 놔둬요.

자르기
양배추는 3cm×2cm로 자르고, 대파는 비스듬히 채 썰어요. 당근은 4cm×1cm로 자르고, 부추는 4cm로 잘라요. 끓는 물에 데쳐 기름기를 뺀 유부는 너비 5mm로 채 썰어 준비해주세요.

볶기
팬에 참기름을 두르고 ❷를 볶아요.

간하기
❶을 더해 볶다가 간장, 조청으로 간을 해요.

완성!

★ Yuka's Health Tip
우동은 소화가 잘 되고 에너지를 공급해주는 좋은 식품이에요. 그래도 우동이나 유부 같은 가공식품을 구입할 때에는 들어가 있는 재료를 꼭 확인하고 될 수 있는 한 첨가물이 들어가지 않은 것을 고르는 게 중요해요. 첨가물이 들어간 면은 별도로 삶아서 나쁜 성분이 빠지도록 한 뒤 사용해요.

★ Yuka's Recipe Tip
우동을 빨리 만들고 싶을 때에는 우동면을 삶지 않고(순한 재료로 만든 우동면인 경우) 그대로 넣었다가 물을 3큰술 정도 넣고 뚜껑을 덮어서 찝니다. 물기가 없어진 후 간장과 조청으로 간을 하면 간편하게 우동을 만들 수 있어요.

★ 이렇게 요리하세요~
볶음면을 볶을 땐 차분한 마음으로 천천히 볶는 게 좋아요. 마크로비오틱에서는 만든 사람의 기운이 요리에 들어간다고 믿거든요. 엄마의 요리를 먹고 자라는 아이가 엄마의 기운을 받아 자라므로, 요리를 할 때는 항상 즐거운 마음으로 사랑을 듬뿍 담아 만들도록 해요.

고구마가 꿀처럼 달아요
고구마찜케이크

빵집에서 사 먹는 기분이 드는 고구마찜케이크.
촉촉한 고구마 찜 케이크로 베이커리 분위기 내보면 어떨까요.

재료(4~6인분)
15cm 파운드 형태 틀, 고구마 120g(소 1개), 통밀가루 30g, 백밀가루 50g, 베이킹파우더 1작은술, 메이플 시럽 2큰술, 장마 75g(1/3컵), 소금 약간, 레몬 껍질 1/2개, 건포도 25g, 검은깨 적당량

가루 재료 섞기
볼에 통밀가루, 백밀가루, 베이킹파우더를 넣어 섞어요.

젖은 재료 섞기
장마는 강판으로 갈고 레몬 껍질은 매우 잘게 다지고 건포도는 중간 크기로 다져서 메이플시럽, 소금과 같이 볼에 넣고 잘 섞어요.

고구마 썰기
고구마 90g은 강판으로 갈아 ❷에 더하고, 남은 고구마는 1cm로 잘라 놓아요.

반죽 섞기
❶에 ❸을 더하고 주걱으로 자르듯이 섞어요.

빵틀에 담기
오븐시트를 깐 빵틀에 ❹를 붓고, ❸의 잘라놓은 고구마와 검은깨를 얹어요.

찌기
김이 올라오는 찜통에서 약한 불로 25분간 쪄요.

완성!

★ Yuka's Health Tip
오븐에서 고온으로 오랜 시간 구워 수분이 빠진 요리는 응축된 에너지를 담고 있어요. 그런 요리는 아토피 등 염증 증상을 악화시키고 어른보다 많은 수분 섭취가 필요한 아이에게 좋지 않아요. 때문에 오븐으로 구운 요리보다는 찜통으로 찐 요리법이나 데치는 요리법으로 만든 요리를 많이 만들어주는 게 좋아요.

★ Yuka's Recipe Tip
고구마는 색이 변하기 쉽기 때문에 마지막에 갈아서 더해요. 고구마찜케이크를 찜통에 찔 때 김이 세게 올라오는 찜통으로 찌면 케이크 표면이 축축해져버려요. 25분 정도 시간이 지나 젓가락으로 찔러서 반죽이 묻어나오지 않는 경우 속까지 완전히 익었다는 뜻이므로 먹어도 좋아요.

★ 아이와 함께 해보아요~
재료를 저울이나 계량컵을 사용해 계량해 봅시다! 아이들에게 양에 대한 감각을 길러줄 수 있습니다. (5)에서 고구마와 검은깨를 얹는 일은 아이에게 맡겨주세요.

주근깨 아가씨와 상큼이의 만남
딸기와금귤셰이크

설탕이나 시럽이 전혀 들어가지 않은 셰이크.
과일이 가진 진정한 단맛과 상큼함을 최고로 끌어냈답니다.

재료(1인분)
딸기 7개, 금귤 5개, 두유 50ml, 구운 소금 약간

딸기 얼려두기
꼭지를 딴 채 깨끗이 씻어 얼린 딸기를 준비해주세요.

금귤 손질하기
금귤은 꼭지를 빼고 반으로 잘라 씨앗을 빼둬요.

갈기
믹서에 ❶과 ❷, 두유와 소금을 넣어서 블렌더로 잘 갈아요.

완성!

★ Yuka's Health Tip

금귤 껍질은 부드럽고 비타민C, E, P, 칼슘, 칼륨 등을 함유하고 있어요. 때문에 껍질째 통째로 먹을 수 있는 천연 비타민제이죠. 금귤에 함유된 성분 중 비타민P는 감귤류가 지니고 있는 비타민이에요. 또한 파괴되기 쉬운 비타민C를 안정시키기 때문에 비타민C가 많은 딸기와 금귤은 환상의 궁합이에요.

★ Yuka's Recipe Tip

얼리고 섞는 과정을 반복하면 아이스크림으로 즐길 수 있어요. 만약 딸기에 단맛이 모자랄 때에는 무설탕 잼이나 메이플시럽 등을 곁들여 먹어도 좋아요. 딸기와금귤셰이크는 두유가 없어도 간편하게 만들 수 있답니다.

★ 아이와 함께 해봐요~

금귤의 씨를 빼는 과정을 함께 해봐요. 금귤의 씨가 어떻게 생겼는지, 금귤은 왜 껍질째 먹는지, 또 딸기의 씨는 어떻게 생겼는지, 함께 이야기해보며 과일에 대한 아이의 이해를 자연스럽게 도울 수 있어요.

초코칩 쿠키처럼 생겼네

기장쿠키

맛도 모양도 친숙하게 다가오는 기장쿠키.
노란빛깔 동그란 기장 알곡처럼 영양으로 똘똘 뭉친 건강한 간식이랍니다.

재료(12~16개)

기장 2큰술, 현미스낵 5장, 건포도 1/4컵(40g), 호박씨 2큰술(18g), 백밀가루 1/2컵(45g), 통밀가루 1/4컵(30g), 아몬드가루 1/4컵(17g), 소금 약간, 유채꽃씨유 1큰술, 메이플시럽 2큰술, 두유 2큰술

〈볶기 전 기장의 모습〉

01 기장 볶기
씻은 기장을 팬에 넣어 고소해질 때까지 볶아요.

02 재료 잘게 다지기
현미스낵은 봉투에 넣어 빻고 건포도와 호박씨는 잘게 다져요.

03 가루 재료 섞기
볼에 백밀가루, 통밀가루, 아몬드가루를 넣고 소금을 약간 더해요.

완성!

04 기름 넣고 비비기
❸에 유채꽃씨유를 넣은 뒤 가루 전체에 골고루 섞이도록 양손으로 잘 비벼요.

05 반죽 섞기
❹에 ❶과 ❷를 넣고 두유와 메이플시럽을 섞어 반죽에 넣고 주걱으로 반죽을 자르듯이 섞어요.

06 모양 만들어 굽기
두께 1cm 정도의 동그란 모양을 만들어 170도로 예열한 오븐에서 20분 동안 구워요.

★ Yuka's Health Tip

화를 많이 내는 아이는 간장에 피로가 쌓여있을 가능성이 있어요. 이런 아이에겐 음식물을 통해 섭취해야 하는 영양소인 메치오닌이 듬뿍 들어 있는 기장을 현미밥에 섞어서 먹여요. 메치오닌은 간장기능을 촉진시켜서 노폐물을 배출시키거나 해독시키는 역할을 하고 대사가 잘 이루어지게 도와줘요.

★ Yuka's Recipe Tip

노란색인 기장이 황토색이 될 때까지 천천히 잘 볶아요. 씹었을 때 기장 알갱이가 쉽게 터지면 익은 거예요. 더해 넣는 현미 튀밥은 베이킹파우더 없이 바삭바삭한 식감을 내기 위한 거예요. 또 아몬드가루를 넣음으로써 들어가는 기름이 적더라도 고소하게 구워져요. 아몬드가루가 없으면 호두나 다른 견과류를 가루로 갈아서 사용해도 좋아요.

★ 아이와 함께 해봐요~

볼에 재료를 넣고 섞는 일은 아이에게 맡겨 주세요. 분말의 색깔, 냄새, 맛, 입자의 크기를 비교해보며 각각의 차이점을 설명해 주세요. 또 쿠키 반죽으로 만들고 싶은 모양을 만들면서 손의 감각을 길러주세요.

손가락에 끼워 먹는 맛
차조 도넛

초록색 도넛을 보셨나요?
맛도 색깔도 너무나 새로운 도넛이랍니다.

재료(10개)
차조(지은 것) 150g, 건대추 30g, 통밀가루 30g(1/4컵), 소금 1/4작은술, 튀김유 적당량

건대추 손질하기
건대추는 씨를 빼고 잘게 다져요.

반죽하기
❶과 차조, 소금을 섞는 다음 밀가루를 더해 반죽을 해요.

모양 만들기
지름 5cm 정도 크기의 반죽을 떼어내 동그랗게 경단을 빚어 만든 다음 젓가락으로 가운데에 구멍을 내 도넛 모양을 만들어요.

튀기기
160도로 가열한 튀김유로 튀겨요. 고온으로 튀기면 대추각 타서 쓴맛이 나므로 온도를 잘 맞춰주세요.

차조 짓는법
차조 1컵(200g), 물 1컵+1/2컵(300cc), 소금 1/3작은술

01 차조는 깨끗이 씻어 물기를 빼놓아요.
02 냄비에 ❶과 물, 소금을 넣고 끓으면 뚜껑을 덮어서 약한 불로 15분 정도 끓인 다음 그대로 15분 정도 뜸을 들여요.

완성!

★ Yuka's Health Tip
다른 잡곡에 비해서 식물섬유, 마그네슘, 철분 등이 많은 차조는 신장에 좋고 구내염이나 구취의 원인인 위장에 생긴 열을 없애주는 효능이 있지요. 대추는 축적된 염분을 배출시켜주는 칼륨과 근육 활동의 조율, 정신안정에 도움을 주는 마그네슘도 많아요. 대추는 소아의 경련, 위장의 경련에도 좋은 생약으로도 알려져 있답니다.

★ Yuka's Recipe Tip
차조가 가진 수분으로 반죽을 만드는 게 중요해요. 손에 차조가 묻어서 모양을 만들기 어려울 때에는 손에 기름을 바르고 만들어보세요. 차조 대신 기장, 대추 대신 건포도를 사용해도 맛있어요. ❷번에서 반죽을 손으로 꽉 쥐었을 때 그림과 같이 뭉쳐질 정도로 섞어주세요.

★ 아이와 함께 해봐요~
모든 재료를 봉투에 넣어서 비벼서 반죽을 만들어 보세요. 모양을 만들 때에는 랩을 사용해서 동그란 모양을 만들면 아이도 쉽게 모양을 만들 수 있답니다.

모양틀로 만들어봐요
애플파이

만두피를 이용해 만들기 훨씬 간편한 애플파이. 바삭하고 달콤해요.

재료(10개)
사과 1개, 물 1컵(200㎖), 소금 1작은술, 건포도 15g, 만두피 20장, 물 적당량, 튀김유 적당량

자르기
8등분해서 씨앗을 뺀 사과를 소금물에 담갔다가 각각 한 조각씩 가로로 6등분으로 잘라서 준비해요. 건포도는 잘게 다져요.

조리기
냄비에 ❶을 넣고 뚜껑을 덮어요. 약한 불로 가열해 물기가 생기도록 가열해요.

식히기
사과가 부드러워지고 생긴 물기가 없어지면 섞어서 식혀요.

파이 만들기
만두피 중앙에 ❸을 얹고 가장자리에 물을 발라 한 장의 만두피를 덮은 뒤 공기가 들어가지 않도록 잘 눌러요. 그 다음 쿠키틀로 중앙의 소가 닿지 않도록 해서 모양을 내요.

튀기기
180도로 예열한 튀김유로 바삭바삭하게 튀겨요.

완성!

★ Yuka's Health Tip

사과는 식물섬유인 펙틴이 많아 대장 내의 좋은 균을 증가시켜 나쁜 균을 감소시키는 효과가 있어요. 그래서 사과는 변비나 설사에 좋죠. 또 유기산은 지방분을 분해하는 작용이 있어서 소화를 도와줍니다. 과식이나 소화불량, 동물성식품의 해독, 그리고 소아의 해열에도 효과가 있지요.

★ Yuka's Recipe Tip

준비한 소금으로 적신 사과를 조리면 물을 더하지 않아도 삼투압 작용에 의해 사과에서 물기가 나와요. 아주 약한 불로 천천히 사과가 투명하게 부드러워질 때까지 조립니다. 만약 조리는 중에 물기가 없어져 탈 것 같다면 약간의 물을 추가해 주세요. 만두피로 모양을 만들 때는 손바닥으로 꽉 눌러 공기를 뺍니다. 바삭바삭한 촉감이 없어지기 전에 따뜻할 때 빨리 먹는 게 좋아요.

★ 아이와 함께 해봐요~

모양을 만들 때 같이 해봅시다. 아이가 직접 좋아하는 틀을 골라 모양을 내도 좋겠지요. 적당한 쿠키틀이 없으면 만두피 그대로 만들거나 교자나 춘권을 만드는 듯이 접어서 만들어도 좋아요.

주근깨투성이
참깨쿠키

까만 깨가 쏙쏙쏙~!
시중에 파는 어느 참깨쿠키와도 비교할 수도 없는 고소함에 반할 거예요.

재료(12개)
통밀가루 110g(1컵), 깨소금 50g(1/2컵), 통깨 3큰술, 참기름 3큰술,
소금 1/8 작은술, 메이플시럽 2큰술, 조청 3큰술

참기름을 계량한 숟가락에 바로 조청을 계량하면 끈적한 조청이 깔끔하게 떨어져요.

01 가루 재료 섞기
볼에 통밀가루와 깨소금, 통깨를 잘 섞어 둬요.

02 젖은 재료 섞기
다른 볼에 참기름, 조청, 소금, 메이플시럽을 모두 합쳐서 잘 섞어 둬요.

03 반죽 섞기
❶에 ❷를 넣어서 주걱으로 자르듯이 잘 섞어요.

04 모양 만들기
❸으로 쿠키 모양을 만든 뒤 170도로 예열한 오븐에서 10~15분 동안 노릇하게 구워요.

완성!

★ Yuka's Health Tip

깨에는 질이 좋은 지방이나 단백질, 칼슘 등 성장기 아이에게 필요한 영양이 가득 들어 있어요. 또 자양강장이나 피로회복, 튼튼한 몸을 만드는 효능이 있지요. 깨의 지방성분은 혈중 콜레스테롤을 낮추고 혈액을 맑게 합니다. 빈혈을 예방하는 철분이나 전분질의 분해를 도와주는 비타민B1이 고루 들어있는 참깨, 이제 쿠키로 만들어 먹어보세요.

★ Yuka's Recipe Tip

깨소금을 준비할 때는 통깨가 거의 없어진 상태가 되도록 양념절구로 잘게 갈아요. 반죽에 힘이 없는 편이기 때문에 모양을 만들 때는 오븐 팬 위에서 틀을 사용해야 예쁘게 만들 수가 있어요.

★ 아이와 함께 해봐요~

아이와 같이 만들 때에는 두유 2큰술을 추가하고 손에 기름을 바르면서 모양을 만들어보세요. 반죽에 참기가 더해져 반죽을 하는 데 훨씬 쉬워진답니다.

미숫가루의 고소한 맛 좀 볼래?

미숫가루 푸딩

미숫가루를 활용한 요리? 더군다나 푸딩?
상상되지 않는다면 지금 당장 만들어보세요.

재료(4인분)
미숫가루 1/4컵, 두유 1과1/2컵, 물 1/4컵, 조청 3큰술, 소금 약간, 한천가루 1작은술(2g), 메이플시럽 적당량

재료 섞기
물에 한천가루를 푼 다음 모든 재료를 합쳐서 잘 섞어요.

가열하기
냄비에 넣어서 아주 약한 불로 잘 섞으면서 끈기가 생길 때까지 가열해요. 이때 끓는 중 생기는 미숫가루 덩어리를 개어 주세요.

굳히기
안쪽을 물로 적신 컵에 ❷를 붓고 굳으면 취향에 따라 메이플시럽을 뿌려서 먹어요.

완성!

★ Yuka's Health Tip

다양한 곡물이나 콩을 가공시켜서 만든 미숫가루. 영양가가 높아서 소식을 하는 아이를 위한 간식으로 아주 좋아요. 보통 푸딩이나 젤리를 만들 때 사용하는 젤라틴은 소, 돼지의 껍질이나 뼈가 원료이지만 한천은 해초가 원료예요. 해초는 보다 안전하고 체내에 쌓인 노폐물을 배출하며 변비를 해소시키는 효과를 가지고 있어요.

★ Yuka's Recipe Tip

미숫가루에 들어간 곡물이나 콩에 따라 점도나 굳은 정도, 단맛은 달라집니다. 취향에 따라 농도와 조청 분량을 조절해주세요. 미숫가루 대신 볶은 콩가루로 만들어도 고소하고 맛있어요.

★ 아이와 함께 해봐요~

"50까지 넣어주세요~" "100까지 넣어주세요~"라고 아이에게 부탁하면서 계량을 해보세요. 봉투나 병에서 직접 계량해 넣으면 흘릴 위험이 있으니 미리 볼이나 컵에 여분의 재료를 넣어놓고 숟가락을 활용해서 조금씩 컵에 넣도록 유도하는 게 좋아요. 계량 놀이는 자연스럽게 수와 양에 대한 아이의 감각을 길러준답니다.

젤리뽀보다 맛있어요
당근젤리

이보다 상큼할 순 없다!
당근의 색과 사과의 맛을 살린 젤리가 아이의 입맛을 사로잡아요.

재료(4인분)
당근 200g, 소금 약간, 사과주스 3컵, 한천가루 2작은술, 레몬즙 2작은술, 찹쌀가루 1큰술

당근 갈아두기
당근은 강판으로 갈아 냄비에 넣고 소금을 뿌려둔 뒤 바로 뚜껑을 덮어 3~5분 정도 놔둬요.

당근 볶기
수분만 증발하도록 강한 불로 달콤한 냄새가 날 때까지 볶아요.

재료 섞기
다른 냄비에 사과주스, 한천가루, 찹쌀가루, 레몬즙을 넣고 잘 섞어요.

가열하기
약한 불로 섞으면서 약간 끈기가 생길 때까지 가열해요.

모두 섞기
❷에 ❹를 더한 뒤 소금을 약간 넣고 잘 섞어요.

굳히기
안쪽을 물로 적신 컵에 ❺를 붓고 냉장고에서 식혀요. 취향에 따라 두부 크림을 곁들여 먹어도 좋아요.

완성!

★ Yuka's Health Tip

녹황색 채소인 당근, 특히 껍질 부분에는 베타카로틴이 매우 많아요. 베타카로틴은 체내에서 비타민A가 되어서 내장, 피부, 머리카락, 눈, 점막을 강화시켜주고 성장이나 병의 회복을 도와주지요. 단, 당근이 가진 효소에는 다른 채소가 가진 비타민C를 파괴하는 힘이 있어서 가열하거나 식초(레몬즙), 소금 등으로 효소를 중화시킨 뒤 먹는 게 좋아요.

★ Yuka's Recipe Tip

❶과 ❷의 과정에서 얼마나 공을 들여 과정을 진행하는가에 따라 젤리의 맛이 좌우됩니다. 특히 ❷번의 과정을 통해서 당근 특유의 냄새가 없어지고 단맛을 끌어낼 수 있어 중요하지요. 용기를 물로 한번 적신 컵을 사용하면 나중에 젤리를 용기에서 빼기 쉬워요.

★ 아이와 함께 해봐요~

당근은 대표적인 근채지요. 그렇다면 당근처럼 땅속에서 자라는 채소는 어떤 게 있을까요? 아이에게 문제를 내며 근채에 대한 자연스러운 이해를 도와주세요. (우엉, 무, 연근, 마, 토란, 고구마, 감자 등)

설탕이 없어도 달콤한걸
건포도스콘

버터와 설탕을 빼서 더욱 건강해진 스콘.
건포도와 함께 어우러져 설탕이 없어도 달콤해요.

재료(6개)

건포도 40g, 호두 30g, 통밀가루 120g(1컵)과 약간, 베이킹파우더 1과 1/2작은술, 부침용 두부 1/4모, 조청 2큰술, 메이플시럽 2큰술, 유채꽃씨유 2큰술, 소금 약간, 물 적당량

01 다지기
건포도, 호두는 각각 잘게 다져요.

02 가루 재료 섞기
볼에 통밀가루와 베이킹파우더를 합쳐서 잘 섞어요.

03 젖은 재료 갈기
다른 볼에 두부, 유채꽃씨유, 조청, 메이플시럽, 소금을 넣고 블렌더로 갈아요.

04 반죽 섞기
❷에 ❶과 ❸을 합쳐 주걱으로 자르듯이 가볍게 섞어요.

05 반죽 자르기
통밀가루를 덧밀가루로 묻히면서 길쭉하고 통통한 모양으로 빚어요. 칼로 지그재그 선을 긋듯이 잘라 6등분해요.

06 굽기
❺를 오븐 시트에 놓고 170도로 예열한 오븐에서 15~20분 정도 구워요.

완성!

★ Yuka's Health Tip

마크로비오틱에서는 인간의 신체와 비슷한 채소의 모양이 실제로 연관이 있다고 봅니다. 연근은 기관지, 미역은 머리카락, 팥은 신장, 근채는 다리, 껍질은 피부에 약효가 있다고 여기는 것이지요. 마치 사람의 뇌와 비슷한 호두는 실제로 신경전달물질을 포함하여 기억이나 학습에 관여하고 있어요.

★ Yuka's Recipe Tip

두부는 음식용 행주로 간단하게 물기를 흡수한 뒤 사용해요. 베이킹파우더는 알루미늄이 첨가되지 않은 것을 사용하는 것이 좋아요. 스콘에는 건포도 대신 다른 말린 과일을 넣어도 맛있어요.

★ 아이와 함께 해봐요~

호두는 봉투에 넣고 절구공이로 두드리면서 잘게 다져보세요. 반죽을 만든 후에는 아이가 좋아하는 크기로 잘라주세요. "이 부분은 네가 원하는 모양으로 만들어보렴." 모양내기에 열중인 아이의 모습을 사진으로 남겨주세요. 밀가루를 갖고 놀거나, 자신이 만든 모형의 빵을 먹는 아이의 모습, 하나하나 추억으로 간직해보아요.

울퉁불퉁 못생겨도 맛있어
현미빵

남은 현미밥을 처치하기 곤란했다면, 물을 더해 현미죽으로 끓여 현미빵을 만들어보세요.
근사한 홈베이킹 요리로 탄생한답니다.

재료(5개)
통밀가루 1컵(120g), 소금 1/4작은술, 베이킹파우더 1과1/2작은술
[현미 죽] 현미밥 170g, 물 1컵(200㎖)
[토핑] 캔 옥수수, 검은 깨, 호박씨 등 적당량

현미죽 식히기
냄비에 현미밥과 물을 넣고 끓기 시작하면 뚜껑을 덮은 뒤 약한 불로 15~20분간 끓여 만든 현미죽을 식혀요.

섞기
볼에 통밀가루, 소금, 베이킹파우더를 넣고 잘 섞다가 현미죽을 넣고 주걱으로 자르듯이 섞어요.

반죽 섞기
반죽이 촉촉해지도록 주걱으로 자르듯이 잘 섞어요. 이때 취향에 따라 토핑 재료를 첨가해 섞어도 좋아요.

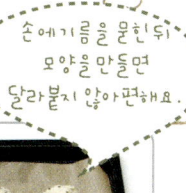

손에 기름을 묻힌 뒤 모양을 만들면 달라붙지 않아 편해요.

모양 만들기
❸을 5등분시켜서 동그란 모양을 만들어 오븐시트에 놓고 180도로 예열시킨 오븐으로 20~25분간 구워요.

완성!

★ Yuka's Health Tip
마크로비오틱에서는 빵을 발효시킬 때 이스트균 대신 천연효모를 사용해요. 이스트균은 효모균 중에서도 발효력이 강한 균을 골라서 인공적으로 배양한 균이에요. 천연효모는 자연의 다양한 미생물과 균이 모여 있는 것을 말하지요. 마크로비오틱에서는 천연효모를 사용해서 빵을 발효시켜 자연과 가까운 베이킹을 할 수 있답니다.

★ Yuka's Recipe Tip
현미죽은 ❶번 그림 정도가 적당해요. 현미죽 농도에 따라 빵의 부드러움도 변합니다. 촉촉하고 부드러운 빵이 좋으면 죽을 약간 질게 만들어주세요. 물론 베이킹파우더를 넣은 것보다는 덜하지만 자연스러운 부드러움을 느낄 수 있어요. ❹번 과정에서 반죽을 살살 쥐어 모양을 만들어주세요. 너무 꽉 쥐면 딱딱해진답니다.

★ 아이와 함께 해봐요~
현미죽을 만들어놓고 잘 식혀주면 그 후 모든 과정을 아이와 함께 즐길 수 있어요. 반죽을 볼에 넣고 섞는 일부터 반죽을 뭉쳐서 만드는 일까지, 사랑스러운 우리집 꼬마 요리사에게 모든 것을 맡겨주세요.

순식간에 완성돼요
애플사이다

사과뿐만 아니라 포도, 매실을 이용해 초간단 수제 사이다를 만들어주세요.

재료(1잔)
사과 주스 3/5컵(120ml), 탄산수 2/5컵(80ml), 구운 소금 약간

사과 원액 준비
사과 100% 원액을 준비해요. 원액을 구하지 못할 경우 사과를 갈아서 사용해도 괜찮아요..

탄산수 섞기
사과 원액에 탄산수를 섞어요.

소금 넣기
소금을 곁들여 간을 맞춰요.

완성!

★ Yuka's Health Tip

많은 첨가물, 인공색소, 너무나 높은 설탕 함유량은 시중에서 파는 탄산음료의 공통적인 특징입니다. 특히 설탕은 체내에서 대사를 할 때 비타민B1이나 칼슘 등의 영양성분을 소비하지요. 탄산음료를 많이 마시면 훗날 골다공증을 유발하여 골절율도 높아져요. 설탕이 아닌 인공감미료도 체내의 균형이나 미각 발달을 잃게 할 가능성이 높아요.

★ Yuka's Recipe Tip

사과주스 외에도 포도 주스, 매실청으로 만들어도 맛있어요. 탄산수는 인공향, 당분이 첨가되어 있지 않은 것을 쓰는 것, 잊지 마세요. 가열하지 않고 바로 먹는 음식에는 생소금이 아닌 구운 소금을 사용해요. 입자가 작아서 잘 녹고 단맛을 살릴 수 있으며 음양을 조화롭게 만들수 있답니다.

★ 아이와 함께 해보요~

설탕이 많은 탄산음료는 많이 마시면 혈당치가 상승해서 급성당뇨병을 유발해요. 일본에서는 이 증상을 페트병증후군이라고 하지요. WHO과 FAO에 의거한 보고서에 의하면 탄산음료뿐만 아니라 설탕이 많이 들어간 음료는 비만과 충치를 증가시킨다고 해요. 일상에서 쉽게 접하는 음료의 위험성에 대해서 아이들에게 얘기해 주세요.

설탕 듬뿍 요거트 대신

마시는베리요거트

두유와 블루베리를 이용해 요거트의 달콤함을 감쪽같이 재현해냈어요.
이제 우리 아이에게 방부제 걱정 없는 마시는베리요거트를 만들어주세요.

재료(1잔)
두유 1컵, 블루베리 잼 2큰술, 레몬즙 2큰술, 구운 소금 약간

섞기
두유와 레몬즙, 블루베리 잼을 넣어 섞어요.
레몬은 스퀴즈를 이용해 즙을 내주세요.

갈기
블루베리 잼이 잘 개이도록 블렌더로 갈아요.

소금 넣기
소금으로 간을 맞춰요.

완성!

★ Yuka's Health Tip

많은 사람들이 칼슘은 우유에만 있다고 생각하지만 두유도 칼슘을 함유하고 있으며 심지어 우유보다 많은 철분을 갖고 있지요. 단, 두유는 몸을 차갑게 하는 작용이 강해서 약간의 소금을 더하는 것으로 그 작용을 완화시킬 수 있답니다. 또한 소금을 넣으면 두유가 가진 단맛을 끌어내는 작용도 해요.

★ Yuka's Recipe Tip

레몬즙을 넣는 것으로 두유의 단백질 성분이 응고되어 요거트와 비슷한 점도가 생겨요. 재료 중 잼은 설탕이 첨가되지 않은 과일로만 만든 것을 사용하도록 해요. 블루베리 외에 딸기, 복숭아 등 다양한 잼으로 응용할 수 있고 원액 주스와 섞어서 만들어도 간단하게 마시는 요거트가 완성돼요.

★ 아이와 함께 해봐요~

역사적으로 대량의 유제품을 섭취해온 민족을 빼고서는 대부분의 어른의 대장에서는 유당분해효소가 적습니다. 그래서 많은 사람들이 우유를 먹고 배탈이나 설사를 호소하지요. 마크로비오틱에서는 아토피나 비염, 꽃가루 알레르기, 생리통, 유방암 등은 어렸을 때부터의 유제품의 과잉 섭취가 원인이라고 봅니다.

제8장 비만을 예방하고 성장 발육을 돕는 마크로비오틱 고단백 요리

성장기를 맞은 내 아이가 키도 쑥쑥 크고 균형 잡힌 몸매를 원한다면,
마크로비오틱 고단백 요리를 추천합니다.
식욕은 채워주고 비만은 막아주고 성장은 도와주는
고마운 요리가 가득 있답니다.

닭꼬치도 떡꼬치도 울고 간 그 꼬치
밀고기꼬치구이

쏙쏙 뽑아 먹는 맛! 새콤달콤한 소스를 발라 더욱 맛있는 밀고기꼬치구이,
우리 아이 1등 간식이라고 해도 손색없어요.

재료(4인분)
밀고기 120g, 간장 1작은술, 통밀가루 적당량, 기름 1작은술,
대파 50g, 단호박 40g, 애호박 25g
[토마토소스] 토마토주스(토마토 100%) 2큰술, 조청 1/2큰술, 현미식초 1작은술

굽기
밀고기를 한입 크기로 찢어서 간장으로 밑간을 해요. 통밀가루를 묻히고 기름을 넣은 팬으로 구워요.

채소 잘라 찌기
대파는 2cm 너비로 자르고 단호박은 2cm 조각으로 잘라요. 애호박은 1cm 두께로 잘라 4등분하고 찜통으로 쪄요.

소스 끓이기
토마토소스 재료를 합쳐서 한번 끓여요.

소스 바르기
꼬치에 ❶과 ❷를 꽂아 넣어 ❸을 발라 먹어요.

완성!

★ Yuka's Health Tip

동물성인 고기는 영양가가 매우 높은 반면, 고기에 들어 있는 동물성 지방은 몸에 쌓이기 쉬워요. 또한 고기를 분해하고 소화하는 과정에서 생긴 노폐물은 몸에 큰 부담을 주지요. 밀고기는 밀가루 글루텐으로 만들기 때문에 곡물에 들어있는 양질의 단백질을 섭취할 수 있어요.

★ Yuka's Recipe Tip

밀고기를 먹을 때에도 소화와 분해를 도와주는 신선한 채소와 같이 먹으면 부담이 없어 좋아요. 오븐에서 구우면(200도 10분 정도) 기름기를 많이 흡수하지 않아서 더욱 담백한 맛을 즐길 수 있어요.

★ 아이와 함께 해보아요~

구운 밀고기와 익힌 채소를 아이 마음대로 꼬치에 끼우도록 하세요. 단호박 다음 고기 하나, 그 다음에는 대파와 애호박을. 채소와 고기가 조화로운 맛의 균형을 이룰 수 있고, 둘을 함께 먹어야만 건강을 챙길 수 있다는 점을 가르쳐 주세요.

보리밭에서 온 고기
날씬한불고기

날씬한불고기는 밀고기의 쫄깃하고 부드러운 식감을 십분 활용한 마크로비오틱 요리랍니다.

재료(4인분)
밀고기 250g, 양파 40g, 팽이버섯 20g, 당근 10g, 부추 10g
[양념장] 마늘 1개, 양파 20g, 사과 1/4개, 간장 1큰술
기름 1큰술

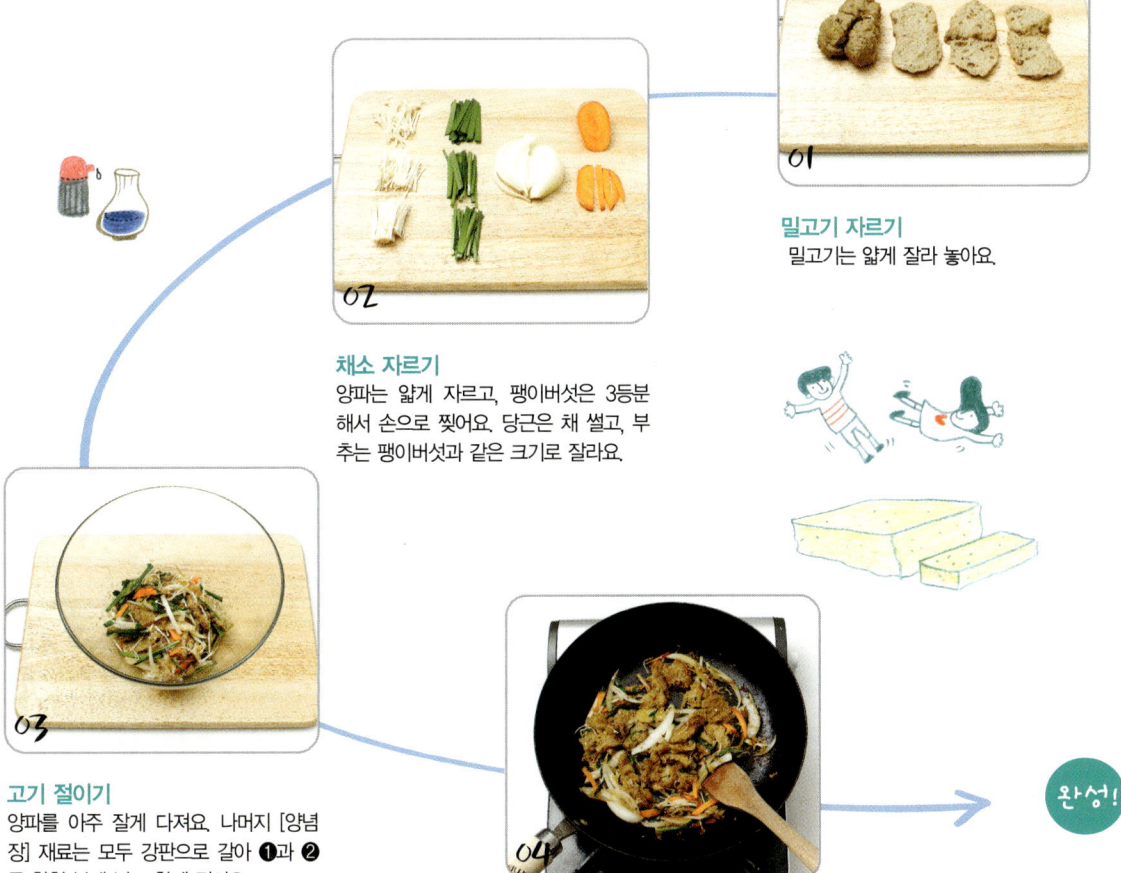

01 밀고기 자르기
밀고기는 얇게 잘라 놓아요.

02 채소 자르기
양파는 얇게 자르고, 팽이버섯은 3등분해서 손으로 찢어요. 당근은 채 썰고, 부추는 팽이버섯과 같은 크기로 잘라요.

03 고기 절이기
양파를 아주 잘게 다져요. 나머지 [양념장] 재료는 모두 강판으로 갈아 ❶과 ❷를 합친 볼에 넣고 함께 절여요.

04 밀고기 굽기
팬에 기름을 넣고 ❸을 구워요.

완성!

★ Yuka's Health Tip

단백질은 우리 몸을 구성성분이며 3대 영양소의 하나예요. 근육은 물론 머리카락, 피부, 뼈, 혈관, 뇌 등의 신체기관이 모두 단백질로 만들어지죠. 그렇기 때문에 질이 좋은 단백질을 선택해서 섭취하는 것은 건강한 몸을 만들기 위해 중요해요. 성장기 아이는 특히 몸을 만들어나가는 속도가 빠르기 때문에 단백질 소모량이 많아요. 따라서 대사가 쉬운 양질의 단백질을 먹을 수 있도록 도와주세요.

★ Yuka's Recipe Tip

어린 아이를 위한 요리에서는 자극이 강한 마늘을 빼서 만들어요. 양념장 색이 변할 정도로 구우면 고소하고 맛있어요. 고기를 절일 시간이 없다면 잘 비벼서 양념장을 흡수시킨 뒤 구워요.

치킨보다 더 치킨 같아요

언두부치킨

두부를 얼리면 살아나는 닭가슴살 같은 식감!
먹는 순간 엄마도 아이도 깜짝 놀랄 거예요.

재료(2인분)
언두부 1모, 전분 3큰술, 튀김유 적당량
[양념장] 물 200cc, 마늘 2조각, 생강 1조각, 간장 2큰술

언두부 찢기
언두부는 물기를 짜고 한입 크기로 찢어 놓아요.

조리기
마늘과 생강은 갈아 나머지 양념장 재료와 섞어주세요. 냄비에 양념장과 ❶을 넣고 물기가 없어질 때까지 조려요.

튀기기
❷에 전분을 묻혀서 180도의 튀김유로 튀겨요.

완성!

★ Yuka's Health Tip

두부는 질이 좋은 단백질을 갖고 있을 뿐만 아니라 칼슘, 철분, 섬유질도 많이 함유하고 있는 식품이에요. 칼슘의 유출을 막는 이소플라본도 풍부하기 때문에 성장기 아이에게 특히 좋아요. 언두부치킨과 같은 튀김요리를 먹을 때에는 레몬즙이나 사과, 무즙과 같이 먹어야 기름기의 소화를 도울 수 있어요.

★ Yuka's Recipe Tip

언두부의 수분을 짤 때에는 양손으로 집고 천천히 짜서 모양이 망가지지 않도록 해주세요. 양념장으로 절일 시간이 없을 때에는 양념장의 물을 반으로 줄여 물기를 뺀 두부가 양념장을 흡수할 수 있도록 하세요.

★ 아이와 함께 해봐요~

두부, 된장, 간장, 메주, 유부 등 대두를 가공해서 만든 식품은 참 많아요. 소화와 보관, 영양가를 높이려고 옛날 사람의 지혜로 만들어낸 이런 식품들. 아이와 함께 이런 변형된 식품들의 원재료가 무엇인지 맞춰보는 놀이를 해보세요. 말린 나물이나 고춧가루, 떡볶이는 원래 무엇이었을까? 이번 주말 함께 시장에 나가 식재료에 대한 이해를 높여보는 것도 좋겠지요.

까만 콩알이 별처럼 반짝반짝
콩자반

기쁠 때나 슬플 때나 밤하늘의 별처럼 우리집 식탁을 수놓는 콩자반.
변치 않는 엄마 마음 같아요.

재료(1인분)(공기밥 그릇 한 그릇 분)
서리태 1/2컵(70g), 물 2컵, 다시마 1조각(3cm×3cm), 간장 1과1/2큰술, 흰깨 약간

콩 불리기
서리태는 젖은 행주로 깨끗이 닦아 물에 하룻밤 담가둬요.

콩을 먹으면 배에 가스가 차는 체질은 꼭 거품을 빼주세요.

끓이기
❶의 서리태와 함께 물을 넣고 다시마를 더해 가열해요.

거품 빼며 조리기
가열 중 생기는 거품을 빼면서 조려요.

찬물 더하기
거품을 뺀 뒤 차가운 물 1/2컵을 더하고 계속 조려요.

간장 넣어 조리기
콩이 부드러워지면 간장을 1큰술만 더하고 물기가 없어질 때까지 조려요.

남은 재료 넣기
남은 간장 1/2큰술을 넣고 살짝 끓인 뒤 흰깨를 뿌려요.

완성!

(A)물에 담갔다 사용하는 콩 - 대두, 서리태, 흑태, 적두, 강낭콩 등
(B)바로 사용할 수 있는 콩 - 팥, 녹두, 렌즈콩

★ Yuka's Health Tip

서리태는 비타민이나 사포닌이 대두에 비해서 많이 포함되어 있어요. 사포닌은 항균, 항염증 효과가 있으며 지방을 분해하고 노폐물을 배출하는 작용도 해요. 위장이나 대장의 활동을 도와주는 것 외에도 강한 항산화력으로 혈액을 정화, 해독시키기도 하지요. 무엇보다 신장과 간장 건강에 좋고 부인병을 예방하는 효과가 있어 온가족에게 좋은 식재료예요.

★ Yuka's Recipe Tip

♥ **콩 삶는 법**
〈A〉를 그날 사용하고 싶을 때
❶ 콩을 씻고 냄비에 콩과 콩의 3배의 물, 다시마 3cm 조각을 넣어서 한번 끓여요.
❷ 그대로 보온병에 넣어 2~4시간 놔둬요.

★ 아이와 함께 해봐요~

마크로비오틱에서는 매일 콩이나 콩으로 만든 가공품을 조금씩 섭취하는 것을 권하고 있습니다. 콩은 곡물과의 궁합도 좋고 몸에 부담을 주지 않으며 소화와 흡수가 잘 됩니다. 특히 서리태와 팥은 지방분도 적고 약효도 높아요. 대두, 흑태, 서리태, 녹두, 강낭콩, 적두, 약콩… 수많은 콩을 놓고 아이와 함께 이름 맞추기 퀴즈를 해보세요!

감자를 안 넣어도 감자 맛이 나요
포테이토샐러드

놀라운 마의 맛.
마크로비오틱으로 마가 가진 매력에 풍덩 빠져보세요.

재료(2인분)
마 80g, 소금 약간, 양파 50g, 당근 15g, 청오이 25g, 캔 옥수수 2큰술, 삶은 작두콩 1과 1/3컵, 식초 1작은술, 소금 적당량, 후추 약간

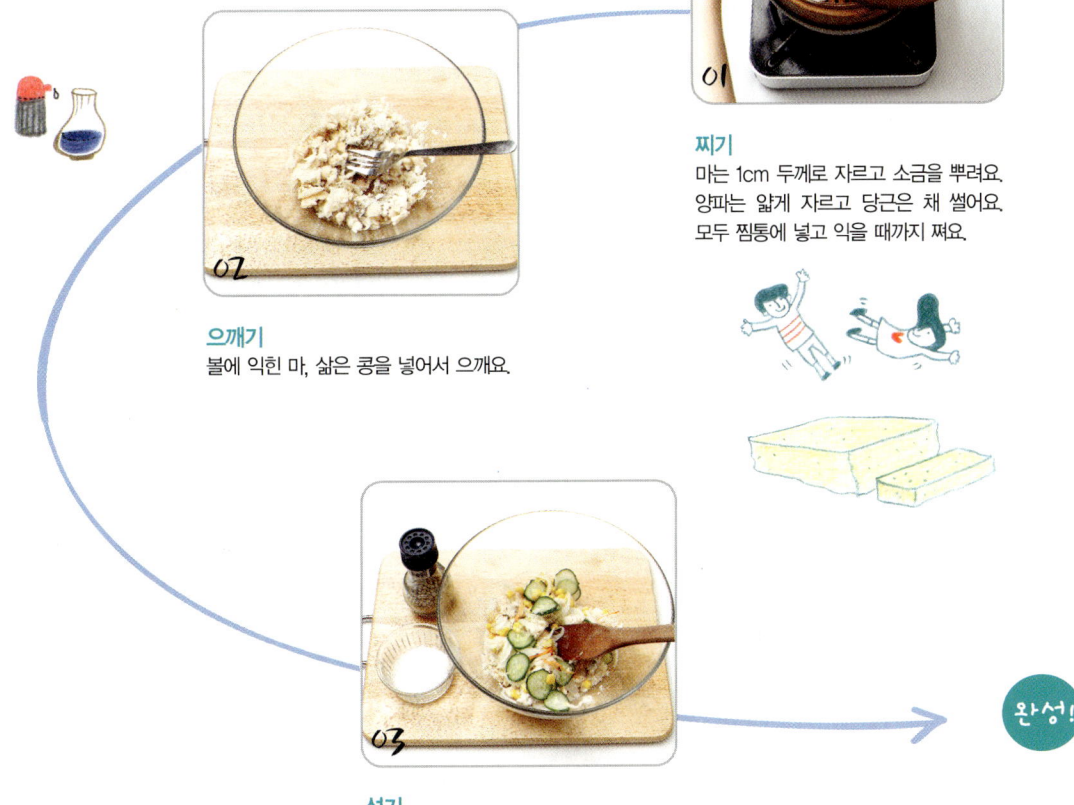

찌기
마는 1cm 두께로 자르고 소금을 뿌려요. 양파는 얇게 자르고 당근은 채 썰어요. 모두 찜통에 넣고 익을 때까지 쪄요.

으깨기
볼에 익힌 마, 삶은 콩을 넣어서 으깨요.

섞기
얇게 잘라 소금을 뿌려둔 오이와 캔 옥수수의 물기를 빼고 ❷에 넣은 뒤 식초, 소금, 후추로 간을 해요.

완성!

★ Yuka's Health Tip
작두콩은 콩 중에서 크기가 가장 커요. 큰 크기만큼 탄수화물, 단백질, 식물섬유, 칼슘, 칼륨, 철분 등 성장기 아이에게 필요한 영양분이 풍부하지요. 또 작두콩에는 당분의 분해, 흡수를 돕는 소화효소가 있어 다이어트에도 효과가 있어요. 단, 이 효소 때문에 덜 익힌 콩을 많이 먹으면 설사나 구토를 일으킬 수 있으니 주의하세요.

★ Yuka's Recipe Tip
산마를 사용하면 더욱 고소하고 감자 같은 촉감을 살릴 수 있어요. 장마를 사용하면 수분이 많아 크리미한 촉감을 즐길 수 있지요. 삶은 작두콩은 냉동보관이 가능하며 해동해서 사용할 경우에는 데운 다음 사용하세요.

★ 아이와 함께 해봐요~
자른 채소에 소금을 뿌려 비벼주는 일은 아이에게 맡기세요. 익힌 마와 콩을 으깨며 자연스럽게 마와 콩이 섞여 감자 같은 맛을 낸다는 것을 알게 돼요. 포크로도 으깨보고 위생장갑을 낀 후 손으로도 으깨보세요. 재미있고 맛있는 요리에 아이도 함께 참여할 수 있답니다.

제9장 늘 곁에 있는 김치처럼, 맵지 않아 내 아이도 잘 먹는 마크로비오틱 김치

김치 한번 먹이려면 온 집안을 뛰어다녀야 했던 그 시절은 가라!
맵지 않고 담기 쉬워 참 좋은 마크로비오틱 김치를 만난 뒤에는
아이가 먼저 김치를 찾는답니다.

아이가 보는 세상
백김치

자극적이지 않아 좋은 백김치.
작은 알배기 배추를 사용해 아이의 시선으로
아이만을 위한 김치를 담는 법을 배워보세요.

재료(8인분)
배추 1포기, 마늘 1개, 생강 1개, 풋고추 1개, 홍고추 1개, 쪽파 2개,
곶감 20g, 무 50g, 소금 1작은술
[찹쌀풀] 찹쌀가루 2큰술, 물 4컵
[소금물] 물 5컵, 소금 1/2컵

배추 절이기
배추를 2등분해서 소금을 넣은 후, 숨을 죽여요.

찹쌀풀 준비
찹쌀가루를 푼 물을 끓인 뒤 식혀요.

속재료 자르기
풋고추와 홍고추는 2등분하고, 쪽파는 5cm 길이로 잘라요. 마늘과 생강은 얇게 썰고 곶감과 무는 채 썰어요.

속재료 절이기
고추, 마늘, 생강을 뺀 ❸을 소금에 절여 둬요.

속재료 넣기
❶의 배춧잎을 한 장씩 들춰가며 ❹를 넣어요.

찹쌀풀 넣기
❺에 ❷, 고추, 마늘, 생강을 넣어 하룻밤 동안 실온에 놔두었다가 냉장고에 보관해요.

완성!

★ Yuka's Health Tip
된장, 간장, 김치, 나또 등의 발효식품은 하루에 한 번은 꼭 섭취하는 게 좋지요. 발효에서 생기는 미생물(균)은 대장환경을 좋게 만들고, 혈액을 깨끗하게 하거나 영양섭취를 높이는 역할을 해요. 또 소화를 돕고 면역세포를 활성화시켜서 면역력도 높아지고 병의 예방에도 좋아요.

★ Yuka's Recipe Tip
말린 감을 더하면 단맛을 낼 수 있고 시각적으로 아름다움을 더할 수 있어 좋아요. 백김치는 4~6일 후부터 맛있게 먹을 수가 있어요.

★ 아이와 함께 해봐요~
아이의 미각은 어렸을 때 먹인 음식으로 정해져요. 짜고 자극이 강한 식품은 혀의 세포를 죽이고 미각발달에 안 좋은 영향을 줄 뿐만 아니라 내장기관에도 부담을 주지요. 백김치에 들어간 생강이나 마늘, 파, 고추 등은 먹이지 않고 우러난 국물로 영양분을 취할 수 있도록 도와줘요.

달콤한 건포도가 퐁당~
물김치

평범한 물김치가 마크로비오틱을 만나 달콤하게 변신했답니다.

재료(8인분)

배추 100g, 오이 50g(4cm), 무 50g, 소금 2작은술, 배 75g, 쪽파 20g, 미나리 10g, 풋고추 1개, 마늘 1개, 생강 1조각
[절임액] 물 2컵, 다시마 5×5cm 1조각, 건포도 30g, 소금 1작은술

01 절임액 준비
냄비에 절임액을 놓고 한번 끓여서 식혀 둬요.

02 채소 절이기
배추는 한입 크기, 오이는 8등분, 무는 4cm×2cm로 썰고 소금을 뿌려 숨이 죽도록 해요.

03 채소 자르기
배는 무와 같은 크기로 자르고, 쪽파와 미나리는 4cm, 풋고추는 반으로 잘라요. 마늘과 생강은 얇게 잘라요.

04 모두 섞어 김치 담기
❷의 물기를 짠 뒤 ❸의 재료와 합쳐서 ❶에 넣고 담가요.

완성!

★ Yuka's Health Tip

효소에는 소화효소, 대사효소, 식물효소 3가지가 있어요. 이미 체내에 있는 소화효소와 대사효소와 달리 식물효소는 섭취한 음식물이 갖고 있는 효소지요. 신선한 음식이나 물김치 같은 발효식품에 많은 식물효소는 소화효소를 대신할 수 있어요. 원래 체내에만 있는 효소를 절약하는 것으로 몸에 활기를 유지하고 대사도 높아질 수 있답니다.

★ Yuka's Recipe Tip

절임액에 사용한 다시마도 잘게 잘라서 같이 먹으면 좋아요.

알록달록 예쁜이 반찬
채소피클

밥을 먹을 때도, 간식을 먹을 때도
언제나 인기만점 채소피클!

재료 〈4인분〉
양배추 20g, 무 100g, 오이 50g, 당근 30g
[절임액] 물 1컵(200㎖), 식초 4큰술, 조청 5큰술, 소금 1과 1/2작은술, 생강 15g, 말린 빨간 고추 1개, 월계수 잎 1장

채소 썰기
양배추는 한입 크기, 무, 오이, 당근은 길이 3cm에 두께 1cm로 자르고 생강은 얇게 썰어 내열용기에 넣어요.

절임액 만들기
냄비에 절임액 재료를 같이 넣어서 한번 끓여요.

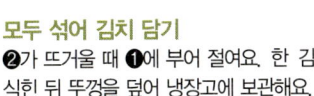

모두 섞어 김치 담기
❷가 뜨거울 때 ❶에 부어 절여요. 한 김 식힌 뒤 뚜껑을 덮어 냉장고에 보관해요.

완성!

★ Yuka's Health Tip
식초에 포함된 구연산에는 피로회복, 신진대사를 높이고 혈액중의 콜레스테롤이나 중성지방을 줄이는 효능이 있어요. 아미노산은 효율적인 에너지 공급원이며 뇌의 활동을 높이고 근육, 머리카락, 손톱 등 몸에 필요한 기관을 만들지요. 또 칼슘의 흡수를 높이는 효과도 있어요.

★ Yuka's Recipe Tip
식초는 몸을 식히는 작용이 강하기 때문에 소금을 사용하거나 한번 데워 사용하는 게 좋아요. 식초를 만드는 원재료는 과일이 아닌 순한 곡물로 만든 현미식초가 제일 좋지요. 채소피클 절임액을 만들 땐 말린 빨간 고추 대신 풋고추를 사용해도 괜찮아요. 절인 뒤 냉장고에서 식히면 바로 먹을 수 있어요. 한나절 반 정도 익히면 가장 맛있어요.

★ 아이와 함께해봐요~
양배추를 손으로 찢어요. 마음대로 크게 또는 작게 조각내며 아이가 요리에 참여한다는 점을 칭찬해주세요. 여러 가지 채소를 늘어놓고 절임액에 절이는 일도 함께해보며 채소에 대한 거부감을 줄여주는 것도 좋아요.

멋 부리지 않아도 맛있어요
연근감절임

자칫 심심해 보일 수도 있지만, 삼삼한 맛이 중독적이랍니다.

재료 〈4인분〉
연근 180g, 말린 감 4개, 물 1/2컵~1컵, 식초 1작은술, 소금 1/4작은술

연근 자르기
연근은 구멍에 따라 칼질을 양쪽에서 넣어서 꽃무늬를 만든 다음 얇게 잘라요.

말린 감 채 썰기
말린 감은 씨를 빼고 채 썰어요.

끓이기
냄비에 감과 물, 식초, 소금을 넣어서 한 번 끓여요.

익히기
연근을 더하고 뚜껑을 덮은 뒤 살짝 쪄서 익혀요.

완성!

★ Yuka's Health Tip

말린 감은 곶감을 보다 더 말린 감을 말해요. 감은 말릴수록 비타민A가 많아지지만 비타민C는 감소해요. 때문에 비타민C가 많은 연근을 넣는 것이지요. 보통 열에 약한 비타민C지만 연근에 들어있는 비타민C는 풍부한 전분질의 보호를 받아 쉽게 파괴되지 않아요. 연근과 감이 포함하고 있는 탄닌은 천식을 좋아지게 하고 가려움이나 염증, 출혈을 막아줘요.

★ Yuka's Recipe Tip

연근을 넣은 다음 오래 가열시키면 연근의 많은 전분질 때문에 촉감이 떨어지기 때문에 살짝 익혀주세요. 신선한 연근은 가열하면 검은 점이 나오거나 색이 변할 때가 있는데 그것은 폴리페놀의 일종인 탄닌 때문이니 염려하지 마세요.

★ 아이와 함께 해보아요~

아이에게 연근에 대한 이야기를 들려주세요. 단면을 잘라보면 구멍이 송송 뚫려있는 연근. 연근은 땅속에서 자라는 근채이기 때문에 밖의 산소를 얻기 위해 몸통, 꼭지, 줄기에 구멍이 뚫려 있어요. 이 구멍은, 즉 공기가 통하는 통로라는 말이에요. 보통 연근에는 가운데 한 개, 주위에 9~10개의 구멍이 있어요. 아이와 연근의 구멍을 세어보며 놀아보세요.

김치야~바로바로 나와라, 뚝딱!
배추절임

담는 법도 아주 간단한 배추절임.
매끼마다 신선한 김치를 맛볼 수 있어요.

재료 〈4인분〉
배추 250g, 당근 10g, 생강 2g, 소금 1작은술

채소 썰기
배추는 잎 부분과 줄기 부분을 나눠서 각각 한입 크기로 잘라요.

채소 썰기
당근과 생강은 채 썰어요.

모두 섞어 김치 담기
❶, ❷를 한데 모아 소금을 뿌린 뒤 무거운 것을 올려 놓고 절여요. 시간이 없으면 소금을 뿌려서 잘 비벼도 돼요.

완성!

★ Yuka's Health Tip

소금은 몸에 해를 주는 정제염 대신 꼭 천일염을 사용하도록 해요. 천일염은 나트륨 외에도 미네랄 성분이 많아 체내에서 부드럽게 작용해요. 또 채소에 많은 칼륨은 축적된 나트륨을 배출시키기 때문에 마크로비오틱에서는 안심하고 사용할 수 있는 천일염을 추천합니다.

★ Yuka's Recipe Tip

마크로비오틱에서는 천일염과 구운 천일염, 이 두 가지를 사용해요. 굽지 않은 것은 조리 과정에서 사용하고, 구운 것은 가열하지 않고 바로 먹는 드레싱이나 요리에 뿌려 먹을 때에 사용하지요. 배추절임에서 사용하는 소금은 굽지 않은 것이에요. 굽지 않은 천일염은 부드러운 맛을 내기 때문이죠.

★ 아이와 함께 해봐요~

배추절임에 사용하는 배추는 아이와 함께 손으로 찢어주세요. 소금을 뿌려서 비비는 일도 아이가 할 수 있어요. 배추절임은 엄마가 만들어도 참 간단한 요리지만, 아이 또한 부담 없이 간단하게 만들 수 있는 요리랍니다.

간장바다에 풍덩!
오이무초절임

오이와 무가 간장을 만나 온 가족 식욕을 돋워줄 겁니다.

재료 (500ml병 한 병분)
오이 1개(120g) 무 80g, 쪽파 25g(3개), 마늘 1개, 생강 1조각, 풋고추 1개
[소금물] 물 1컵, 소금 1작은술
[절임액] 물 2컵, 건자두 4개(30g), 간장 3큰술

절임액 만들기
건자두는 4등분하고 나머지 절임액 재료와 합쳐서 끓여요.

채소 절이기
오이는 4등분으로 자르고 무도 오이와 비슷한 크기로 잘라서 소금물에 1~2시간 담가둬요.

채소 자르기
쪽파는 3cm로 자르고 마늘, 생강은 얇게, 풋고추는 반으로 잘라 ❶에 더해요.

모두 섞어 김치 담기
❷의 오이와 무 껍질이 부드러워지면 물기를 빼고 ❸에 넣어서 담가요.

완성!

★ Yuka's Health Tip

오이가 가진 특유의 냄새(피라진)는 혈액을 맑게 하는 효과가 있어요. 오이의 또 다른 성분으로 부종을 해소시켜 열을 내리는 효과가 있지요. 더위로 생긴 열사병에는 물을 마시는 것보다 오이를 먹는 것이 더욱 빠른 효과가 있을 정도로 오이는 몸을 식히는 작용이 강해요. 그래서 추운 계절에는 섭취를 삼가는 게 좋아요.

★ Yuka's Recipe Tip

다른 채소의 비타민C를 파괴하는 작용이 있어서 식초나 소금으로 절여서 중화시켜요. 오이무초절임은 무의 절임액이 스며들어 색이 변하는 3일 후부터 먹는 게 가장 맛있어요.

★ 아이와 함께 해봐요~

오이의 생일은 언제일까? 일 년 내내 볼 수 있는 오이의 제철은 여름이지요. 아이와 식사를 하거나 장을 보면서 채소의 생일에 대해 이야기를 해봐요. 여름에는 몸을 식히는 효과가 있고 손질이 쉬우며 비타민C가 많은 채소(오이, 토마토, 가지, 피망, 옥수수 등)의 생일, 겨울에는 몸을 데우는 채소(무, 우엉, 당근, 연근, 파 등)의 생일을 공부해 보세요.

제10장 모두에게 자랑하고 싶은 예쁘고 건강한 우리집 도시락

운동회, 피크닉 등 특별한 날엔 가족을 위해
마크로비오틱 요리로 도시락을 싸보세요.
맛과 건강은 물론이고, 너무 예뻐서 자랑하고 싶어져요.

오색빛깔찬란한도시락

당근밥(180p) + 밀고기꼬치구이(220p) + 마늘쫑볶음(74p) + 단호박조림(70p) + 콩자반(226p)

바쁜 아침, 순식간에 뚝딱 만들 수 있는 도시락이에요. 단호박을 조리는 사이에 마늘쫑을 쓱싹 볶고 그 팬으로 밀고기를 굽는다면, 확실히 시간이 단축되겠죠. 당근밥은 꼭꼭 쥐어 삼각주먹밥으로 만들면 모양도 예쁘고 먹기도 간편해요. 만약 냉장고에 미리 만들어놓은 콩자반이 있다면 곁들이세요. 주황, 갈색, 초록, 노랑, 검정. 다양한 색깔로 보기만 해도 배부른 도시락이 완성된답니다.

개성만점도시락

브로콜리볶음밥(168p)+두부크로켓(142p)+옥수수경단찜(136p)+톳슈마이(110p)+브로콜리

고슬고슬한 볶음밥엔 무언가를 얹어 먹거나 섞어 먹는 것보다는 따로 따로 간편하게 먹을 수 있는 반찬이 좋지요. 그래서 선정한 개성 넘치는 반찬들, 색도 맛도 모두 다르답니다. 개성만점도시락을 그대로 따라 하지 말고 개성을 살려 응용해보세요. 나무 꼬치에 반찬을 하나씩 꽂아 도시락을 장식하는 방법도 하나의 예랍니다.

알뜰살뜰도시락

김밥(156p 즉석초밥의 남은 재료를 이용) + 유부주머니조림(52p) + 배추절임(240p) + 오이

즐거운 주말, 온 가족이 모여 즉석초밥을 만들어 먹었다면 다음 날 아침에는 알뜰살뜰도시락을 싸가는 게 어때요. 즉석초밥을 만들 때 사용했던 밥은 식초가 들어가 있어 쉽게 상하지 않거든요. 이제부터는 먹다 남은 음식을 버리지 않고 알뜰하게 도시락으로 재창조해내는 똑똑한 엄마가 되자고요.

♥ 부족한 단백질을 보충하기 위해서 곁들인 유부주머니조림은 김밥과 닿지 않도록 조심해주세요. 자칫하다간 김밥이 눅눅해질 수도 있으니까요.

외강내유 도시락

날씬한불고기(222p) + 집나간깐쇼새우(144p) + 고구마호박샐러드(82p) + 청경채무즙소스(86p)

식더라도 기름기가 없어서 굳지 않는 밀고기의 장점이 잘 나타나는 도시락이에요. 불고기와 깐쇼새우 같은 메인 요리가 두 가지나 들어가도 마크로비오틱이기에 현미밥과 아주 잘 어울리고 부담도 없어요. 보기엔 화려해도 먹으면 소화가 잘 되는 도시락, 정말 '외강내유' 라는 말이 잘 어울리죠.

맛을 품은 샌드위치 도시락

스크램블두부샌드위치(40p) + 포테이토샐러드(228p) + 오트밀연근소시지(30p) + 채소피클(236p) + 브로콜리

마크로비오틱 반찬은 대부분 빵과 환상의 궁합을 자랑한답니다. 마크로비오틱을 어려워하는 남편과 아이를 위해, 빵 속에 살짝 마크로비오틱 반찬을 넣어 샌드위치를 만들어주세요. 아참! 샌드위치를 먹을 때는 채소피클이 빠질 수 없죠. 상큼한 채소피클과 다양한 샌드위치로 맛있는 하루 보내세요.

♥ 반찬에서 나온 수분으로 빵이 젖지 않게 채소를 끼우거나 빵에 기름 혹은 잼을 발라주면 좋아요.

♥ 마크로비오틱 도시락이야기

작은 도시락 안에 담긴 것은 엄마의 사랑입니다

뚜껑을 여는 순간 미소를 짓게 하는 도시락, 먹는 순간 몸이 건강해지는 것만 같은 마크로비오틱 도시락을 만들어보세요. 마크로비오틱 도시락은 '보기에는 예쁘게, 입에는 맛있게, 몸에는 안전하게'를 모토로 하고 있답니다.

1. 상하지 않도록 조심조심

바로 만들어 바로 먹는 요리와 달리, 도시락은 아침에 준비해서 이후에 먹기 때문에 상할 염려가 있죠. 또한 내성이 있는 어른에 비해서 면역력이 약한 아이들은 심하면 식중독에 걸릴 위험도 있어요. 아이가 안전하게 도시락을 먹을 수 있도록 늘 위생에 신경 써서 도시락을 만드는 것, 잊지 마세요.

〈건강한 도시락을 위한 TIP〉
도시락에 음식을 담기 전 녹차로 한번 헹궈주면 살균 효과를 얻을 수 있어요. / 도시락에 들어가는 채소는 날것보다 살짝 익힌 게 좋아요. / 식초가 들어간 반찬이나 약간 짜게 간을 한 반찬, 물기가 적은 반찬은 도시락 반찬으로 알맞아요. / 뜨거운 밥이나 반찬은 김을 한번 뺀 뒤 뚜껑을 덮어주세요. 그렇지 않으면 음식의 열 때문에 음식이 상할 위험이 있어요. / 곁들여 먹는 소스는 뿌린 채 싸는 것보다 따로 용기에 담아 먹기 직전에 뿌려 먹도록 배려해주세요.

2. 따로 따로 반찬, 식어도 맛있어요~

보온도시락에 넣지 않는 이상 도시락에 들어가는 밥과 반찬은 식기 마련이죠. 식어버려 맛도 없고, 반찬은 구분 없이 섞여 뒤죽박죽이 되고… 이보다 먹기 싫은 도시락이 또 있을까요? 이젠 식어도 맛있는 반찬으로, 따로 따로 구분해서 넣어주세요. 엄마가 조금만 노력하면 사랑하는 나의 아이, 가족이 행복한 식사를 할 수 있답니다.

〈건강한 도시락을 위한 TIP〉
식으면 딱딱해지는 만두피나 튀김은 피하는 것이 좋아요. / 절임액이나 조림장은 되도록 세지 않도록 따로 용기에 담아주세요. / 호일, 랩, 데친 채소 등을 이용해 반찬끼리 섞이지 않도록 구분해주세요.

3. 모두에게 자랑하고 싶은 도시락!

때로는 장소와 시간에 따라 아이의 식습관이 변하기도 하죠. 특히 소풍이나 운동회 날 싸주는 도시락은 남김없이 비워져 돌아옵니다. 밖에 나가 잔뜩 신이 난 우리 아이가 친구들과 맘껏 뛰어놀다가 허기가 져 가방을 열었을 때, 천 원짜리 김밥전문점에서 파는 김밥보다는, 친구들에게 실컷 자랑하고 나눠 먹을 수 있는 도시락을 챙겨주고 싶은 게 바로 엄마의 마음이겠죠.

〈건강한 도시락을 위한 TIP〉
보기만 해도 식욕이 자극되도록 여러 가지 색이 어울려 있는 도시락을 만들어요. / 친구들과 나눠 먹을 수 있도록 한입 크기의 반찬을 넣어요. / 쿠키 틀로 모양을 내는 등 다양한 모양으로 아이들의 호기심을 자극해요.

4. 밸런스를 고려합니다

도시락도 아이에게는 중요한 한 끼 식사예요. 따라서 영양과 에너지의 밸런스를 조화롭게 이룬 음식으로 구성하는 게 좋아요. 도시락에 모든 영양소를 담지 못했다면, 저녁 식사를 통해서라도 균형 잡힌 영양을 섭취할 수 있게 구성해주세요.

〈건강한 도시락을 위한 TIP〉
밥, 빵, 파스타 등의 곡물로 이루어진 밥류가 도시락의 1/2을 차지하게끔 하세요. / 단백질, 비타민, 미네랄을 섭취할 수 있도록 콩이나 해초를 이용한 반찬을 넣으세요. / 조리 시간과 조리 난이도가 달라 들어있는 에너지 또한 다른 반찬으로 도시락을 구성하세요. / 매번 똑같은 반찬은 질릴 뿐만 아니라 밸런스도 맞지 않아요. 다양한 구성으로 도시락을 꾸며보세요.

5. 너무 힘들다면 가끔 쉬어가세요

아무리 좋은 도시락도 만드는 사람과 먹는 사람이 행복하지 않다면 아무런 소용이 없어요. 시간이 촉박한 아침, 가족 깨우랴, 밥 차리랴, 도시락 챙기랴, 바쁜 엄마들. 이제 도시락만이라도 마크로비오틱을 이용해서 한시름 놓으세요.

〈건강한 도시락을 위한 TIP〉
밑반찬을 잘 활용하세요. 질리지 않게 다른 식재료나 양념을 첨가해도 좋아요. / 어제의 저녁 반찬을 활용하세요. 먹다 남은 반찬을 쓰는 것보다는, 만들자마자 도시락용 반찬을 따로 담아서 놔두는 게 위생적입니다. / 도시락을 챙기다가 빈칸이 생겼을 때에는 냉장고에 있는 자투리 채소를 버리지 말고 활용하세요. 삶은 브로콜리, 채소스틱 등의 반찬은 먹는 사람이 비타민을 보충할 수 있어 좋아요.

♥ INDEX ♥

〈ㄱ〉
간장떡볶이 188
간장참깨소스 159
개성만점도시락 249
건포도스콘 210
검은깨소금 163
계란없는계란말이 100
계량컵 15
고구마밥 176
고구마찜케이크 194
고구마호박샐러드 82
고기 대체식품 12
곤약 중량 18
근대참깨무침 56
근채튀김덮밥 96
기장 볶는 법 199
기장 짓는 법 37
기장치즈를얹은간단피자 36
기장쿠키 198
김발 15
김조림 174
깻잎유부 밥친구 163
껍질 밥친구 163
꼬까옷오므라이스 32
꽃모양교자 152

〈ㄴ〉
날씬한불고기 222
납작한 계량스푼 14
낫토쌈장 157
낫토청국장 124

내맘대로초밥 140
느타리버섯 중량 18

〈ㄷ〉
단호박버그 150
단호박브로콜리그라탕 68
단호박조림 70
달걀 대체식품 12
달콤유부초밥 112
당근 손질법 22
당근 중량 18
당근밥 180
당근연근너깃 90
당근젤리 208
당근케첩 13
당근케첩 만들기 30
당근케첩스파게티 92
대나무 체 14
돈가스 소스 만들기 42
동그란 계량스푼 14
된장토마토소스 159
두부 12
두부마요네즈 소스 만들기 52
두부대파볶음덮밥 172
두부된장구이 98
두부마요네즈소스 51
두부소스 12
두부크로켓 142
두유브로콜리소스 159
딸기와금귤셰이크 196

〈ㅁ〉

마 중량 18
마늘쫑볶음 74
마당근된장조림 84
마로만든크로켓 104
마시는베리요거트 216
마요네즈 대체식품 12
마크로비오틱 대체 식품 12
맛간장 만들기 167
맛을품은샌드위치도시락 250
메밀국수파티 158
메이플시럽 13
무 손질법 23
무 중량 18
무농약 국간장 15
무떡 102
물김치 234
미숫가루푸딩 206
미역 중량 18
밀고기 만들기 16
밀고기꼬치구이 220

〈ㅂ〉

밥친구들 162
배추 중량 18
배추절임 240
백김치 232
백미 대체식품 13
버섯고사리햄버그 44
버섯양파조림 62
볶음근채된장국 118

볶음면 192
볶음용 나무주걱 14
부침용 두부 중량 18
브로콜리 손질법 22
브로콜리 중량 18
브로콜리볶음밥 168
블렌더 15

〈ㅅ〉

사각형 체 14
삼각주먹밥 만드는 법 165
삼색빵가루구이 78
생식용 두부 중량 18
설탕 대체식품 13
세라믹 강판 14
수수 12
수수 짓는 법 35
수수소스스파게티 34
숙주나물잡채 148
순두부용 두부 중량 18
스퀴즈 15
스크램블두부샌드위치 40
스테인레스 찜통 15
스테인레스 팬 14
스파게티샐러드 50
시판 케첩 대체식품 13
식재료 중량 18
쌀조청 15
쑥갓전 114

〈ㅇ〉

아삭아삭간장국 128
알뜰살뜰도시락 246
압력솥 14
애플사이다 214
애플파이 202
애호박 중량 18
애호박아몬드범벅 76
양념절구와 나무공이 14
양배추 손질법 20
양배추김무침 64
양배추볼 48
양상추스프 120
양파 손질법 20
양파 중량 18
언두부 만드는 법 39
언두부돈까스 42
언두부치킨 224
언두부탕수육 38
얼린 곤약 145
연근 손질법 23
연근 중량 18
연근감절임 238
연근볶음 66
오색빛깔찬란한도시락 247
오이무초절임 242
오이미역무침 80
오트밀연근소시지 30
옥수수경단찜 136
옥수수양파스프 122
외강내유도시락 248

요거트 대체식품 12
우동 맛국물 만들기 191
우엉 손질법 19
우엉 중량 18
우엉푸른조림 72
우유 대체식품 12
원재료 만들기 16
원형 체 14
월남쌈 60
유기농 된장 15
유기농 양조간장 15
유기농 올리브 오일 15
유기농 찹쌀가루 15
유기농 현미식초 15
유부알배기볶음 58
유부주머니조림 52
율무 짓는 법 139
율무파이 138
이탈리언떡볶이 186

〈ㅈ〉

재료 손질법 20
정제염 대체식품 13
조청 13
종이컵 계량법 17
중탕으로 밥 짓기 181
즉석초밥 156
진미된장국 130
집나간깐쇼새우 144
쪽파뿌리전 54
찜통 14

〈ㅊ〉

차조 짓는 법 201
차조도넛 200
참깨쿠키 204
찹쌀가루 대체식품 13
채소가득두유스튜 132
채소듬뿍카레 26
채소피클 236
채식라면 184
채식우동 190
천일염 13
철 프라이팬 15
청경채무즙소스 86
초밥초 157
칡전분 대체식품 13

〈ㅋ〉

코팅 팬 14
콩 삶는 법 227
콩나물국 126
콩나물밥 178
콩자반 226
크리미그라탕 106

〈ㅌ〉

타코라이스 154
토로로덮밥 166
토마토 껍질 쉽게 벗기기 159
토마토 케첩 만들기 32
톳 중량 18
톳슈마이 110

톳춘권 108

〈ㅍ〉

파 손질법 21
파된장볶음과구운삼각주먹밥 170
파래김 밥친구 163
팽이버섯 중량 18
포테이토샐러드 228
표고버섯 손질법 21

〈ㅎ〉

현미 13
현미고로케 28
현미밥 짓기 16
현미밥을곁들인근채쌈장 94
현미빵 212
현미주먹밥튀김 164
호박두유수제비 146